# 轻松掌握瓷砖铺贴技术

双色图文版

阳鸿钧 等编著

化学工业出版社
·北京·

本书从瓷砖铺贴最基础的知识讲起，按铺贴工具、辅助材料、各种瓷砖及其预排、施工铺贴的顺序，循序渐进地讲解瓷砖铺贴技术和方法，让读者从零开始学，直至能完全掌握瓷砖铺贴技巧。本书主要包括泥瓦工具快学活用、细学瓷砖铺贴界面材料、精讲瓷砖基础知识、各类瓷砖具体学、瓷砖拼排与施工轻松通、各类瓷砖空间铺贴轻松通、墙砖铺贴轻松通、地砖铺贴轻松通等内容。本书配备大量的实际施工图，并直接在图上进行圈点讲解，让读者一目了然地学习瓷砖铺贴技术和技巧，具有很强的实践指导价值。

本书可供泥瓦工、瓷砖铺贴工、装饰装修单位相关人员、工程建设单位相关人员，以及家装业主、相关院校师生、培训学校师生等阅读与参考。

**图书在版编目（CIP）数据**

轻松掌握瓷砖铺贴技术：双色图文版 / 阳鸿钧等编著．—北京：化学工业出版社，2018.8（2024.6重印）
ISBN 978-7-122-32545-7

Ⅰ．①轻⋯ Ⅱ．①阳⋯ Ⅲ．①瓷砖 - 建筑装饰 - 工程施工 Ⅳ．① U767.2

中国版本图书馆 CIP 数据核字（2018）第 145350 号

责任编辑：彭明兰　　　　　　　　　　责任校对：宋　夏
装帧设计：刘丽华

出版发行：化学工业出版社（北京市东城区青年湖南街13号　邮政编码100011）
印　　装：涿州市殷润文化传播有限公司
880mm×1230mm　1/32　印张8　字数203千字
2024年6月北京第1版第8次印刷

购书咨询：010-64518888　　　售后服务：010-64518899
网　　址：http://www.cip.com.cn
凡购买本书，如有缺损质量问题，本社销售中心负责调换。

定　　价：45.00元　　　　　　　　　　　版权所有　违者必究

# 前言

目前，国内的建设工程和装修工程比较多，每个工程、工地都需要大量懂技术的泥瓦工。铺贴瓷砖便是泥瓦工必须掌握的技能之一，也是要重点掌握的技能。为此，劳务市场便出现了需求专门从事瓷砖铺贴的工种——瓷砖铺贴工。另外，一些瓷砖销售人员、业主、装修设计人员、工程设计人员、工程监督人员等也需要掌握与瓷砖选购和瓷砖铺贴有关的知识与技能。为此，我们特策划并编写了本书。

本书从瓷砖铺贴最基础的知识讲起，按铺贴工具、辅助材料、各种瓷砖及其预排、施工铺贴的顺序，循序渐进地讲解瓷砖铺贴技术和方法，让读者从零开始学，直至能完全掌握瓷砖铺贴技巧。本书共由8章组成，其中各章内容的要点如下。

第1章主要讲述了泥瓦工具快学活用，具体包括泥瓦工具综述、泥瓦工常用工具等内容；第2章主要讲述了瓷砖铺贴界面材料，具体包括砂子、水泥、水泥砂浆、黏结剂（瓷砖胶）、填缝剂等材料有关内容；第3章主要讲述了瓷砖基础知识，具体包括陶瓷与陶瓷制品、陶砖与瓷砖的比较、挑选瓷砖的原则、空间瓷砖的选择等内容；第4章主要讲述了各类瓷砖相关知识，具体包括陶瓷砖、薄型陶瓷砖、轻质陶瓷砖、仿古瓷砖、六角砖、小正方形瓷砖、花线、波打线等瓷砖的基础知识；第5章主要讲述了瓷砖拼排与施工，具体包括瓷砖铺贴的方法与方式、瓷砖铺贴施工相关知识；第6章主要讲述了各类瓷砖空间的铺贴，具体包括木纹砖的铺贴、仿古砖的铺贴、微晶石的铺贴、游泳池铺贴瓷砖的防水方法、窗瓷砖的铺贴等内容；第7章主要讲述了墙砖的铺贴方法，具体包括墙砖铺贴概述、墙砖铺贴的处理技巧与做法等内容；第8章主要讲述了地砖的铺贴，具体包括地砖铺贴概述、地砖铺贴的处理技巧与做法、地砖铺贴的平整度等内容。

本书在编写中还参考了有关人士的相关技术资料，因原始材料来源不详，故有的没有在参考文献中列出，在此特意说明以及表达谢意，并且尽量在再版时完善。

本书由阳鸿钧、阳许倩、阳育杰、阳红艳、许秋菊、欧小宝、许四一、阳红珍、许满菊、许应菊、唐忠良、任亚俊、许小菊、阳梅开、任俊杰、阳苟妹、唐许静、欧凤祥、罗小伍、李丽、阳利军、李平、李军、许鹏翔、罗奕、李珍、谭小林、米芳等编著。

由于笔者水平有限，加之时间仓促，书中难免有不足之处，敬请读者批评指正。

编著者

2018年6月

# 目录

## 第1章 泥瓦工具快学活用 ································ 1

1.1 泥瓦工具综述 ································ 1
   1.1.1 泥瓦工种工具的类型 ················ 1
   1.1.2 泥瓦工具概述 ······················ 1
1.2 泥瓦工常用工具 ······························ 3
   1.2.1 钢直尺 ···························· 3
   1.2.2 卷尺 ······························ 4
   1.2.3 直角尺 ···························· 7
   1.2.4 线坠 ······························ 7
   1.2.5 激光水平仪 ························ 8
   1.2.6 水平尺 ···························· 10
   1.2.7 瓷砖切割针 ························ 11
   1.2.8 瓷砖专用切刀 ······················ 12
   1.2.9 常用电动切割机 ···················· 13
   1.2.10 专用瓷砖切割机 ··················· 16
   1.2.11 抹泥刀与刮板 ····················· 18
   1.2.12 橡胶锤 ··························· 19
   1.2.13 墙砖定位器 ······················· 20
   1.2.14 手动打玻璃胶工具 ················· 21
   1.2.15 手套 ····························· 22

# 第2章

## 细学瓷砖铺贴界面材料 ………………………………… 23

- 2.1 砂子 …………………………………………………………… 23
  - 2.1.1 建筑用砂的术语与定义 …………………………………… 23
  - 2.1.2 建筑用砂的分类与规格 …………………………………… 24
  - 2.1.3 建筑用砂颗粒级配与级配类型的规定 …………………… 25
  - 2.1.4 天然砂含泥量与泥块含量的要求 ………………………… 25
  - 2.1.5 砂中有害物质含量要求 …………………………………… 25
- 2.2 水泥 …………………………………………………………… 26
  - 2.2.1 通用硅酸盐水泥的定义与强度 …………………………… 26
  - 2.2.2 复合硅酸盐水泥的特点 …………………………………… 27
  - 2.2.3 彩色硅酸盐水泥有关术语与定义 ………………………… 27
  - 2.2.4 彩色硅酸盐水泥的分类 …………………………………… 28
  - 2.2.5 彩色硅酸盐水泥各强度等级水泥的各龄期强度要求 …… 28
  - 2.2.6 各类水泥的应用 …………………………………………… 29
- 2.3 水泥砂浆 ……………………………………………………… 29
  - 2.3.1 水泥砂浆配合比 …………………………………………… 29
  - 2.3.2 水泥砂浆的密度 …………………………………………… 31
  - 2.3.3 水泥砂浆找平 ……………………………………………… 32
- 2.4 黏结剂（瓷砖胶）…………………………………………… 33
  - 2.4.1 瓷砖黏结剂概述 …………………………………………… 33
  - 2.4.2 陶瓷砖胶黏剂的分类与代码 ……………………………… 34
  - 2.4.3 陶瓷砖水泥基胶黏剂的性能要求 ………………………… 35
  - 2.4.4 瓷砖胶用量 ………………………………………………… 35
  - 2.4.5 瓷砖胶使用要求 …………………………………………… 36
- 2.5 填缝剂 ………………………………………………………… 36
  - 2.5.1 陶瓷墙地砖填缝剂术语与定义 …………………………… 36

  2.5.2 陶瓷墙地砖填缝剂的分类与代号 ················································ 37
  2.5.3 陶瓷墙地砖水泥基填缝剂技术与性能要求 ································· 38
  2.5.4 陶瓷墙地砖反应型树脂填缝剂技术要求 ···································· 39
  2.5.5 陶瓷墙地砖填缝剂标识要求 ·················································· 40
  2.5.6 陶瓷墙地砖填缝剂说明书要求 ··············································· 40

# 第3章

# 精讲瓷砖基础知识 ······························································· 42

3.1 **瓷砖概述** ·························································································· 42
  3.1.1 陶瓷与陶瓷制品 ································································· 42
  3.1.2 瓷砖的作用与分类 ······························································ 42
  3.1.3 陶砖与瓷砖的比较 ······························································ 48
  3.1.4 瓷砖质量的判断 ································································· 49
  3.1.5 挑选瓷砖的原则 ································································· 51
  3.1.6 瓷砖残片棱角互相划痕判断 ·················································· 54
  3.1.7 瓷砖色彩与人的关系 ··························································· 54
  3.1.8 瓷砖颜色的选择 ································································· 56
  3.1.9 瓷砖形式的搭配原则 ··························································· 57
  3.1.10 瓷砖的保养与维护 ···························································· 57
3.2 **空间瓷砖的选择** ·············································································· 58
  3.2.1 客厅地砖的选择 ································································· 58
  3.2.2 卫生间瓷砖的选择 ······························································ 60

# 第4章

# 各类瓷砖具体学 ··································································· 62

4.1 **陶瓷砖** ····························································································· 62

- 4.1.1 陶瓷砖的定义与分类 ············ 62
- 4.1.2 陶瓷砖的尺寸描述 ············ 62
- 4.1.3 陶瓷砖的标识与说明要求 ············ 63
- 4.1.4 室内外陶瓷墙地砖的分类 ············ 63
- 4.1.5 室内外陶瓷墙地砖的一般要求 ············ 64
- 4.1.6 室内外陶瓷墙地砖厚度允许偏差 ············ 65
- 4.1.7 室内外陶瓷墙地砖长度与宽度允许偏差 ············ 65
- 4.1.8 室内外陶瓷墙地砖直角度允许偏差 ············ 66
- 4.1.9 室内外陶瓷墙地砖表面平整度允许偏差 ············ 66
- 4.1.10 外墙陶瓷砖背纹尺寸 ············ 67
- 4.1.11 室内外陶瓷墙地砖吸水率要求 ············ 68
- 4.1.12 室内外陶瓷墙地砖抗冻性要求 ············ 69
- 4.1.13 室内外陶瓷墙地砖破坏强度要求 ············ 70
- 4.1.14 室内外陶瓷墙地砖断裂模数要求 ············ 70
- 4.1.15 室内外陶瓷墙地砖边直度允许偏差 ············ 70
- 4.1.16 室内外陶瓷墙地砖黏结性要求 ············ 71
- 4.1.17 室内外陶瓷地砖防滑性要求 ············ 71

4.2 薄型陶瓷砖 ············ 72
- 4.2.1 薄型陶瓷砖的分类 ············ 72
- 4.2.2 薄型陶瓷砖的标识与说明要求 ············ 73

4.3 陶瓷马赛克 ············ 73
- 4.3.1 陶瓷马赛克的术语与定义 ············ 73
- 4.3.2 陶瓷马赛克的分类与应用 ············ 74
- 4.3.3 陶瓷马赛克的尺寸允许偏差 ············ 74
- 4.3.4 陶瓷马赛克的外观质量要求 ············ 75
- 4.3.5 陶瓷马赛克的吸水率与耐磨性要求 ············ 75

4.4 轻质陶瓷砖 ············ 76
- 4.4.1 轻质陶瓷砖的分类 ············ 76
- 4.4.2 轻质陶瓷砖的尺寸允许偏差 ············ 76

## 4.5 有釉地砖与无釉地砖 ································· 78
### 4.5.1 有釉地砖耐磨性等级 ························· 78
### 4.5.2 有釉地砖可见磨损的研磨转数的要求 ············ 78
### 4.5.3 釉面砖的规格 ································ 79
### 4.5.4 无釉地砖耐磨性等级 ························· 79
## 4.6 抛光砖与防静电陶瓷砖 ····························· 80
### 4.6.1 抛光砖的特点与常见规格 ······················ 80
### 4.6.2 抛光砖上墙的劣势 ··························· 80
### 4.6.3 防静电陶瓷砖的定义与防静电性能要求 ·········· 80
## 4.7 仿古瓷砖 ·········································· 81
### 4.7.1 仿古瓷砖概述 ································ 81
### 4.7.2 仿古砖在家装中的空间应用 ···················· 84
### 4.7.3 仿古砖与抛光砖的区别 ························ 84
### 4.7.4 仿古砖与抛釉砖的区别 ························ 84
### 4.7.5 仿古砖的选择 ································ 85
### 4.7.6 仿古砖配件——角花、波打线、转角、花砖 ······ 86
### 4.7.7 现代仿古砖与仿古砖的区别 ···················· 87
### 4.7.8 仿古砖与素色现代砖的区别 ···················· 89
### 4.7.9 素色现代砖与现代仿古砖的区别 ················ 90
## 4.8 六角砖 ············································ 90
### 4.8.1 六角砖概述 ·································· 90
### 4.8.2 六角砖规格的识读 ···························· 91
### 4.8.3 六角砖面积的计算 ···························· 92
### 4.8.4 六角砖背景墙的搭配 ·························· 93
### 4.8.5 六角砖的配色方案 ···························· 93
### 4.8.6 六角砖与其他材料的搭配 ······················ 101
## 4.9 小正方形瓷砖 ····································· 101
### 4.9.1 小正方形瓷砖概述 ···························· 101
### 4.9.2 小正方形瓷砖的应用 ·························· 102

## 4.10 大理石瓷砖与木纹砖 103
### 4.10.1 大理石瓷砖概述 103
### 4.10.2 大理石瓷砖的清洁保养方法 105
## 4.11 木纹砖与微晶石 105
### 4.11.1 木纹砖 105
### 4.11.2 微晶石的特点 109
## 4.12 踢脚线与腰线 109
### 4.12.1 踢脚线概述 109
### 4.12.2 地砖踢脚线 112
### 4.12.3 腰线 113
## 4.13 波打线与花线、角花 117
### 4.13.1 波打线概述 117
### 4.13.2 波打线材料与作用 118
### 4.13.3 波打线的施工 119
### 4.13.4 波打线与踢脚线的区别 120
### 4.13.5 花线与角花 121

# 第5章 瓷砖拼排与施工轻松通 124

## 5.1 瓷砖拼排概述 124
### 5.1.1 制作瓷砖排版图的程序 124
### 5.1.2 瓷砖排版图的要求 124
### 5.1.3 家装应用瓷砖的常见区域 125
### 5.1.4 家装铺贴瓷砖整块与切块的安装分布 125
## 5.2 瓷砖铺贴的方法与方式 127
### 5.2.1 直线铺设法 127
### 5.2.2 工字形法 128

|     | 5.2.3 | 瓷砖错位铺贴法 | 130 |
|---|---|---|---|
|     | 5.2.4 | 人字形铺设法 | 131 |
|     | 5.2.5 | 菱形斜铺设法 | 133 |
|     | 5.2.6 | 组拼法 | 135 |
|     | 5.2.7 | 不规则法 | 136 |
|     | 5.2.8 | 其他铺法 | 137 |
| 5.3 | 瓷砖铺贴施工概述 | | 158 |
|     | 5.3.1 | 装修施工流程 | 158 |
|     | 5.3.2 | 瓦工施工流程 | 158 |
|     | 5.3.3 | 瓷砖胶的铺贴 | 159 |
|     | 5.3.4 | 瓷砖胶铺贴界面剂材料的选择 | 159 |
|     | 5.3.5 | 瓷砖胶黏铺结层的选择 | 160 |
|     | 5.3.6 | 瓷砖胶黏防水材料的选择 | 161 |
|     | 5.3.7 | 瓷砖胶黏填缝材料的选择 | 161 |
|     | 5.3.8 | 瓷砖胶黏结层的施工厚度 | 162 |
|     | 5.3.9 | 瓷砖的薄贴法 | 162 |
|     | 5.3.10 | 瓷砖铺贴前需要充分浸水 | 163 |
|     | 5.3.11 | 瓷砖浸泡水的时间 | 165 |
|     | 5.3.12 | 瓷砖是否需要浸水的判断 | 166 |
|     | 5.3.13 | 水泥浆 | 166 |
|     | 5.3.14 | 瓷砖与其他材料的拼接 | 166 |
|     | 5.3.15 | 瓷砖缝隙的形式与类型 | 168 |
|     | 5.3.16 | 瓷砖缝隙的控制 | 169 |
|     | 5.3.17 | 瓷砖的勾缝 | 170 |
|     | 5.3.18 | 瓷砖的美缝 | 171 |
|     | 5.3.19 | 伸缩缝处瓷砖的做法 | 172 |
|     | 5.3.20 | 缺角瓷砖的利用 | 173 |
|     | 5.3.21 | 瓷砖的切割与开孔 | 174 |
|     | 5.3.22 | 瓷砖铺贴配合问题 | 175 |

5.3.23 瓷砖不能直接铺贴在涂料的墙壁上⋯⋯⋯⋯⋯⋯⋯⋯⋯⋯⋯⋯176
5.3.24 瓷砖铺贴效果⋯⋯⋯⋯⋯⋯⋯⋯⋯⋯⋯⋯⋯⋯⋯⋯⋯⋯⋯⋯177
5.3.25 瓷砖铺贴损耗的把握⋯⋯⋯⋯⋯⋯⋯⋯⋯⋯⋯⋯⋯⋯⋯⋯⋯178
5.3.26 如何避免瓷砖的色差⋯⋯⋯⋯⋯⋯⋯⋯⋯⋯⋯⋯⋯⋯⋯⋯⋯180
5.3.27 铺贴角度的检查⋯⋯⋯⋯⋯⋯⋯⋯⋯⋯⋯⋯⋯⋯⋯⋯⋯⋯⋯181
5.3.28 容易损坏的瓷砖部位⋯⋯⋯⋯⋯⋯⋯⋯⋯⋯⋯⋯⋯⋯⋯⋯⋯181
5.3.29 瓷砖脱落与空鼓⋯⋯⋯⋯⋯⋯⋯⋯⋯⋯⋯⋯⋯⋯⋯⋯⋯⋯⋯181

# 第6章

## 各类瓷砖空间铺贴轻松通⋯⋯⋯⋯⋯⋯⋯⋯⋯⋯⋯⋯⋯⋯183

### 6.1 具体瓷砖的铺贴技能⋯⋯⋯⋯⋯⋯⋯⋯⋯⋯⋯⋯⋯⋯⋯⋯⋯⋯⋯183
6.1.1 室内仿古砖的铺贴方法⋯⋯⋯⋯⋯⋯⋯⋯⋯⋯⋯⋯⋯⋯⋯⋯183
6.1.2 抛釉瓷砖地面铺贴的注意要点⋯⋯⋯⋯⋯⋯⋯⋯⋯⋯⋯⋯⋯184
6.1.3 抛光砖的铺贴方法与步骤、注意要点⋯⋯⋯⋯⋯⋯⋯⋯⋯⋯186
6.1.4 木纹砖的铺贴⋯⋯⋯⋯⋯⋯⋯⋯⋯⋯⋯⋯⋯⋯⋯⋯⋯⋯⋯⋯190
6.1.5 仿古砖的铺贴⋯⋯⋯⋯⋯⋯⋯⋯⋯⋯⋯⋯⋯⋯⋯⋯⋯⋯⋯⋯196
6.1.6 微晶石的铺贴⋯⋯⋯⋯⋯⋯⋯⋯⋯⋯⋯⋯⋯⋯⋯⋯⋯⋯⋯⋯197
6.1.7 陶瓷锦砖踢脚板的做法⋯⋯⋯⋯⋯⋯⋯⋯⋯⋯⋯⋯⋯⋯⋯⋯198
6.1.8 地砖踢脚板的做法⋯⋯⋯⋯⋯⋯⋯⋯⋯⋯⋯⋯⋯⋯⋯⋯⋯⋯198

### 6.2 具体空间瓷砖铺贴技能⋯⋯⋯⋯⋯⋯⋯⋯⋯⋯⋯⋯⋯⋯⋯⋯⋯⋯200
6.2.1 地漏处瓷砖的铺贴方法⋯⋯⋯⋯⋯⋯⋯⋯⋯⋯⋯⋯⋯⋯⋯⋯200
6.2.2 游泳池铺贴瓷砖的防水方法⋯⋯⋯⋯⋯⋯⋯⋯⋯⋯⋯⋯⋯⋯201
6.2.3 SPA室铺贴瓷砖的防水方法⋯⋯⋯⋯⋯⋯⋯⋯⋯⋯⋯⋯⋯⋯201
6.2.4 卫生间墙压地的铺贴方法⋯⋯⋯⋯⋯⋯⋯⋯⋯⋯⋯⋯⋯⋯⋯202
6.2.5 瓷砖地压墙的铺贴方法⋯⋯⋯⋯⋯⋯⋯⋯⋯⋯⋯⋯⋯⋯⋯⋯203
6.2.6 窗瓷砖的铺贴方法⋯⋯⋯⋯⋯⋯⋯⋯⋯⋯⋯⋯⋯⋯⋯⋯⋯⋯204

# 第7章

## 墙砖铺贴轻松通 ········ 208

### 7.1 墙砖铺贴概述 ········ 208
- 7.1.1 墙砖的分格与排列图形 ········ 208
- 7.1.2 墙砖铺贴程序 ········ 209
- 7.1.3 墙砖铺贴的要求 ········ 209
- 7.1.4 墙砖铺贴的基准点要求 ········ 211
- 7.1.5 墙砖内墙的做法 ········ 211
- 7.1.6 外墙墙砖的做法 ········ 212
- 7.1.7 墙砖铺贴的允许偏差 ········ 213

### 7.2 墙砖铺贴的处理技巧与做法 ········ 214
- 7.2.1 墙砖阴角瓷砖的处理技巧 ········ 214
- 7.2.2 墙砖阳角瓷砖的处理技巧 ········ 215
- 7.2.3 墙砖的其他处理技巧 ········ 217
- 7.2.4 女儿墙瓷砖铺贴的做法 ········ 217
- 7.2.5 外墙砖基层有外保温的铺贴做法 ········ 219

# 第8章

## 地砖铺贴轻松通 ········ 220

### 8.1 地砖铺贴概述 ········ 220
- 8.1.1 地砖铺贴法 ········ 220
- 8.1.2 地砖铺贴流程 ········ 221
- 8.1.3 地砖铺贴时的起始点与基准点 ········ 223
- 8.1.4 地砖铺贴时偏角与控制 ········ 224
- 8.1.5 地砖铺贴允许偏差 ········ 225

**8.2 地砖铺贴的处理技巧与做法** ·················································· 226
    8.2.1 门槛地砖的处理技巧 ·················································· 226
    8.2.2 地砖阴角瓷砖的处理技巧 ············································ 226
    8.2.3 地砖阳角瓷砖的处理技巧 ············································ 227
    8.2.4 室内地面瓷砖的做法 ·················································· 228
    8.2.5 地砖楼地面的做法 ····················································· 228
    8.2.6 客厅地砖的留缝处理技巧 ············································ 229
    8.2.7 玄关进门处瓷砖的处理技巧 ········································· 230
    8.2.8 地砖的其他一些处理技巧 ············································ 232
**8.3 地砖铺贴的平整度** ···························································· 235
    8.3.1 地砖铺贴的平整度问题 ··············································· 235
    8.3.2 瓷砖铺贴平整度实例 ·················································· 237
    8.3.3 地砖铺贴不平的处理方法 ············································ 237

**参考文献** ················································································ 242

# 第1章 泥瓦工具快学活用

## 1.1 泥瓦工具综述

### 1.1.1 泥瓦工种工具的类型

泥瓦工程是装饰装修工程中的一个重要分项工程，涉及装饰装修工程的一些面子工程。泥瓦工所承担的工作非常多，铺贴瓷砖是其应掌握的一项重要技能。

泥瓦工种工具的类型如图1-1所示。

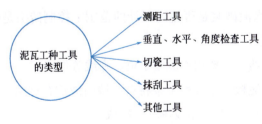

图1-1 泥瓦工种工具的类型

### 1.1.2 泥瓦工具概述

装饰装修工程中，一切涉及砖、水泥的施工操作工作均是由泥瓦工来负责完成的，具体包括拆墙、砌墙、铺贴墙砖、铺贴地砖、安装浴缸等。

泥瓦工工作中涉及的常用工具如下。

（1）托灰板　主要用于墙体的抹墙托灰等作用。托灰板一般用橡塑材质制成的，具有柔韧性好、不易折断等特点。托灰板的基本规格是长度为290mm、厚度为6mm、宽度为12mm。

（2）水泥桶　主要用来装水泥、工具等东西。

（3）水平尺　主要用来测量平行度的一种工具。水平尺通常用于瓷砖的铺贴。其多为铝合金材质，具有抗弯曲、不易变形等特点。

（4）铲　主要用来装水泥砂浆等。

（5）吊线坠　吊线坠又叫作吊线锤，其是用作垂直面控制的一种工具。吊线坠一般用金属材料制作，呈圆锥形，并且安装有吊线。吊线下坠，可作为垂直度参照。

（6）钢尺或皮尺　主要用作测量等作用。

（7）双飞粉　主要用作定位置记号等作用。

（8）草帽或安全帽　主要用作防晒、防砸等作用。

（9）白线　主要用作定位用，包括定位水平和垂直方向；矫正方向；控制水泥砂浆是否超过预计的范围；控制砖头是否超过预计的范围等作用。

（10）墨线　主要用作放线定位、弹线等作用。

（11）抹泥板　主要用于浆材料、墙面清洁石材抛光等。抹泥板用木质、塑料、橡胶、塑胶等材料制成。

（12）砌砖刀　主要用于劈砍砖块，以达到需要的长度、形状。砌砖刀一般是以钢制刀身，以塑料、橡胶、塑胶等材料的制成手柄。砌砖刀有5in❶、6in、7in等规格。

---

❶ 1in=25.4mm，下同。

## 1.2 泥瓦工常用工具

### 1.2.1 钢直尺

钢尺是常用的丈量工具,是用薄钢片制成的带状尺,可卷入金属圆盒内。钢尺包括钢直尺、钢卷尺。一般说的钢尺也就是钢直尺。钢直尺外形如图1-2所示。

图1-2 钢直尺外形

钢直尺的长度有150mm、200mm、300mm、500mm、1000mm等规格。常用钢直尺的尺寸见表1-1。

表1-1 常用钢直尺的尺寸　　　　　　　　单位:mm

| 规格 | 总长 | 宽度 | 厚度 |
| --- | --- | --- | --- |
| 150 | 175 | 18 | 0.6 |
| 300 | 330 | 23.5 | 0.8 |
| 500 | 535 | 28 | 0.9 |
| 600 | 635 | 28 | 0.9 |
| 1000 | 1035 | 32 | 1.0 |

钢直尺的基本分划为厘米,在每米、每分米处都有数字注记,适用于一般的距离测量。有的钢尺在起点处到第一个10cm间,甚至

整个尺长内都刻有毫米分划。有毫米分划的钢尺适用于精密距离的测量。

钢尺根据零点位置不同,可以分为端点尺、刻线尺。端点尺是以尺的最外端边线作为刻划的零线。刻线尺是以刻在钢尺前端的"0"刻划线作为尺长的零线。

**提醒**

钢直尺用于测量零件的长度尺寸,其测量结果不太准确,是因为钢直尺的刻线间距为1mm,而刻线本身的宽度就有0.1~0.2mm。为此,测量时读数误差较大,只能读出毫米数,比1mm小的数值只能估计。

## 1.2.2 卷尺

家装中常用的工具有测距工具等类型。测距工具包括布卷尺、钢尺、塞尺、游标卡尺、激光测距仪等,并且新的测距工具也在不断地出现。其中,卷尺是建筑与装修常用的量具,其分为纤维卷尺、皮尺、腰围尺等。

卷尺能够卷起来是因为卷尺里面装有弹簧。拉出测量长度时,实际是拉长标尺与弹簧的长度。测量完毕,卷尺里面的弹簧会自动收缩,标尺在弹簧力的作用下跟着收缩。

有的卷尺上有两排数字,一排数字单位是厘米(cm),另一排单位为英寸(in),其中1cm大约等于0.3937in,1in大约等于2.54cm。因此,两个数字相距较短的数字单位为cm,两个数字相距较长的为in。

钢卷尺一般由外壳、尺条、制动、尺钩、提带、尺簧、防摔保护套、贴标等组成。钢卷尺有3m、3.5m、5m、5.5m、7.5m等规格。

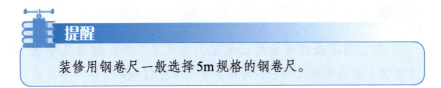

装修用钢卷尺一般选择5m规格的钢卷尺。

皮卷尺是用玻璃纤维与聚氯乙烯（PVC）塑料合制而成。皮卷尺别名为纤维卷尺、软尺。皮卷尺外形如图1-3所示。

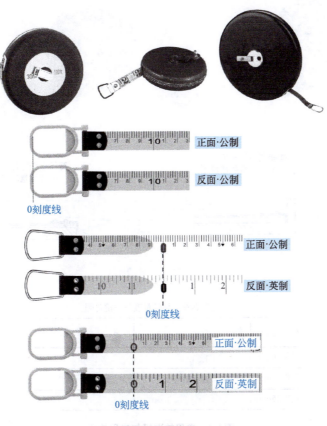

图1-3　皮卷尺

卷尺的选择与应用技巧如图1-4所示。

> 定位前,最好准备好记号笔、卷尺等工具。钢卷尺平挑(数值)就是钢卷尺拉出钢片最少多少米可以挑起在空中不会出现打折弯曲现象时所处的数值。

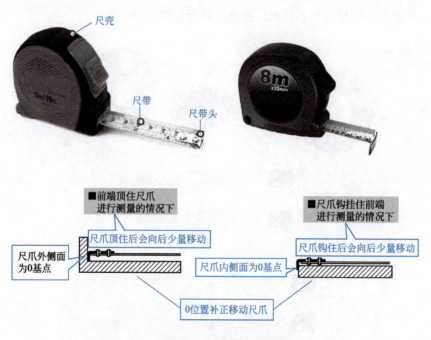

某款钢卷尺尺带宽度与平挑对照

| 尺带宽度 | 水平方向 | 垂直方向 |
| --- | --- | --- |
| 尺带16mm | 1.5m | 2.4m |
| 尺带19mm | 1.7m | 3m |
| 尺带25mm | 2.3m | 3.5m |

图1-4　卷尺的选择与应用技巧

## 1.2.3 直角尺

直角尺简称为角尺,也称为靠尺。直角尺是具有至少一个直角与两个或者更多直边的、用来画或检验直角及垂直度的一种工具。有时直角尺也可以用于画线。

直角尺通常用钢、铸铁、花岗岩等制成。根据材质的不同,直角尺可以分为铸铁直角尺、镁铝直角尺、花岗石直角尺。

直角尺的规格有750mm×40mm、1000mm×50mm、1200mm×50mm、1500mm×60mm、2000mm×80mm、2500mm×80mm、3000mm×100mm、3500mm×100mm、4000mm×100mm等。

直角尺外形如图1-5所示。

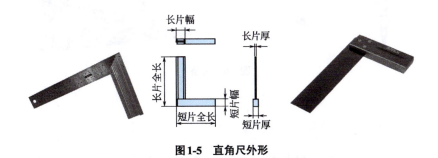

图1-5 直角尺外形

**提醒**

如果没有直角尺,应急情况可以采用木工板材余量来自制。

## 1.2.4 线坠

垂直、水平、角度检查工具也是装修中常用到的工具。垂直、水平、角度检查工具常用于检查墙面、管线、槽子等是否水平、方正、垂直以及测量其角度,以利于后一步的施工并检验施工效果。

垂直、水平检查工具包括垂直检测尺、激光水平仪、线坠、内外直角检测尺等。

线坠是用线吊重物形成垂线，借以取直或者判断取直效果。吊线往往与锤一起使用，因此，吊线也叫做吊线锤、线坠。

线坠的类型有铜制线坠、普通线坠、磁性线坠、3m线坠、6m线坠、300g线坠、600g线坠等。线坠如图1-6所示。

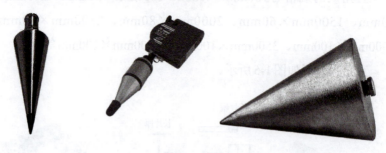

图1-6　线坠

**提醒**

线坠的几何形体要规正，重量要适当（1～3kg）。吊线可以采用编织的与没有扭曲的细钢丝。悬吊时要上端固定牢固，线中间没有障碍与没有侧向抗力。投测中，需要防风吹与震动。

### 1.2.5　激光水平仪

激光水平仪是把激光装置发射的激光束导入水平仪的望远镜筒内，使其沿视准轴方向射出的一种水平仪。

激光水平仪有专门激光水平仪、将激光装置附加在水平仪之上的等类型。与光学水平仪相比,激光水平仪具有精度高、视线长、能够进行自动读数与记录等特点。

激光水平仪的类型与选择、应用图例如图1-7所示。

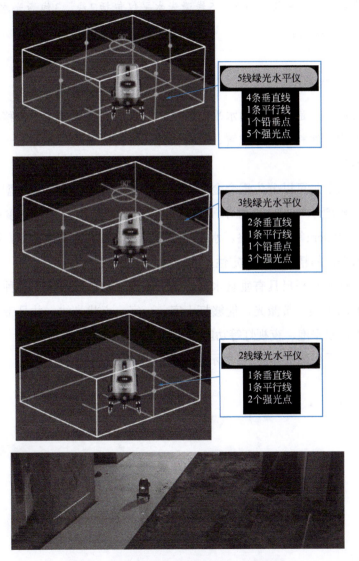

图1-7 激光水平仪的类型与选择、应用图例

激光水平仪有发红光激光水平仪、发绿光激光水平仪、发多种光激光水平仪。另外,5线激光水平仪包括2线、3线激光水平仪所有功能。

### 1.2.6 水平尺

水平尺是利用液面水平的原理,以水准泡直接显示角位移,测量被测表面相对水平位置、铅垂位置、倾斜位置偏离程度的一种计量器具。

水平尺可以分为铝合金方管型、工字型、压铸型、塑料型、异形、普通水平尺、磁性水平尺等规格的水平尺。水平尺长度有从10～250cm等多种规格。水平尺材料的平直度、水准泡质量,决定了水平尺的精确性与稳定性。

有的水平尺具有垂直水泡、水平水泡、45°的水泡。有种多功能的水平尺,带激光,能够打十字、一字、点状光线,并且带自锁尺带、水平泡、夜视灯等功能,使用方便。

水平尺图例如图1-8所示。

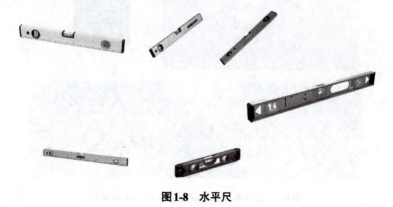

图1-8 水平尺

>  **提醒**
>
> 水平尺可以用于短距离测量,也可以用于远距离测量,还可以在狭窄的地方测量。

### 1.2.7 瓷砖切割针

如果瓷砖切割量不大,瓷砖比较薄,则可以选择用瓷砖切割针切割。切割针如图1-9所示。如果需要切大块的厚瓷砖,则需要采用瓷砖切割刀等专用的切割工具。

瓷砖切割针主要适用于工件画线、标记用,也可用于瓷砖的分割。

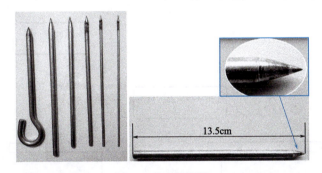

图1-9 瓷砖切割针

瓷砖切割针切割瓷砖的方法如下。

① 首先用手握牢瓷砖切割针,然后把划针用力下压,在需要割开部分用角尺靠好,单向滑动几次,即可将瓷砖表面釉层割破。注意仅仅是划破釉层,不是割穿。

② 在割缝处滴水浸透,再将瓷砖割缝置于某个桌面或者台面直角处,桌面端用一只手压结实,悬空的一端轻轻掰动,即可掰开瓷砖。

瓷砖切割针画线的注意事项如下。

① 针尖要紧靠导向工具的边缘，上部向外侧，压紧导向工具，从而避免滑动面影响画线的准确性。

② 瓷砖切割针的握法。可以与用铅笔画线相似，也就是上部向外侧倾斜15°～20°，向画线移动方向倾斜45°～75°。在用钢尺与划针画连接两点的直线时，需要先用划针与钢尺定好后一点的画线位置，然后调整钢尺使与前一点的画线位置对准，再开始画出两点的连接直线。

③ 不要重复画线，用瓷砖切割针画线要尽量做到一次画成，使画出的线条既清晰又准确。如果重复画线，线条会变粗，画线会模糊不清，会导致最后掰开瓷砖边沿产生错缝现象。

瓷砖切割针画线如图1-10所示。

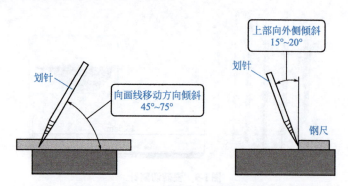

图1-10　瓷砖切割针画线

## 1.2.8　瓷砖专用切刀

瓷砖专用切刀是类似于玻璃刀的一种刀具。该类型切瓷砖的工具，一般采用金刚头尖锥。

大型切割机床一般用于切割大型瓷砖或大理石。

抛光砖硬度高，使用切割机时，瓷砖切割部位的温度产生急剧变化，容易导致瓷砖出现开裂。所以，瓷砖切割尽量使用专业的切割设备，保证切割质量。同时在切割时，应在切割部位喷水，以降低切割部位的温度。

用瓷砖专用切刀切瓷砖如图1-11所示。

如果切割釉面瓷片，在没有专用工具时，应急可以用玻璃刀来切割。如果是全瓷砖，应急可以用电动切割机。

图1-11　用瓷砖专用切刀切瓷砖

## 1.2.9　常用电动切割机

常用电动切割机是便利、简单、低价格的电动石材切割机，应用广泛。常用电动切割机也有多种类型，例如，有一种多功能切割机，能够切割石材、瓷砖、板材、混凝土等多种材料，并且具有散热快的多风道、切割角度和深度均可调节等特点。切割机的应用如

图1-12所示。

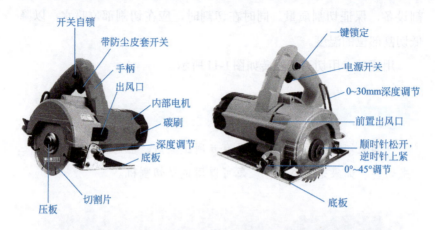

图1-12 切割机的应用

使用电动石材切割机需要注意如下事项。

① 工作前,穿好工作服,戴好护目镜,如果是女性操作工人一定要把头发挽起戴上工作帽。如果在操作过程中会引起灰尘,可以戴上口罩或者面罩。

② 工作前,要调整好电源闸刀的开关与锯片的松紧程度,护罩和安全挡板一定要在操作前做好严格的检查。

③ 石材切割机作业前,需要检查金刚石切割片有无裂纹、缺口、折弯等异常现象,如果发现有异常情况,需要更换新的切割片后才能够使用。

④ 检查石材切割机的外壳、手柄、电缆插头、防护罩、插座、锯片、电源延长线等，应没有裂缝与破损。

⑤ 开始切割前，需要确定切割锯片已达全速运转后方可进行切割作业。

⑥ 为了使切割作业容易进行，不使切割场所灰尘飞扬，以及延长刃具寿命，切割时需要加水进行。

⑦ 安装切割片时，要确认切割片表面上所示的箭头方向应与切割机防护罩所示方向一致，并且一定要牢牢拧紧螺栓。

⑧ 严禁在机器启动时有人站在其面前。不能起身探过和跨过切割机。

⑨ 在工作时，一定要严格按照石材切割机规定的标准流程进行操作。

⑩ 不能用切割机锯未夹紧的小零件。

⑪ 当在对切割机进行给水时，要特别小心不能让水进入电动机内，否则将可能导致触电。

⑫ 不可用手接触切割机旋转的部件。手指要时刻避开锯片，任何马虎大意都将带来严重的人身伤害。

⑬ 为防止意外突然启动，将石材切割机插头插入电源插座前，其开关应处在断开的位置。移动切割机时，手不可放在开关上，以免突然启动。

⑭ 操作时应握紧切割机把手，将切割机底板置于工件上方而不使其有任何接触，试着空载转几圈，等到确保不会有任何危险后才开始运作。即可启动切割机获得全速运行后，沿着工件表面向前移动工具，保持其水平、直线缓慢而匀速前进，直至切割结束。

⑮ 切割快完成时，应放慢推进速度。石材切割机切割深度的调节是由调节深度尺来实现的。调整时，先旋松深度尺上的蝶形螺

母并上下移动底板，确定所需切割深度后，拧紧蝶形螺母以固定底板。

⑯ 在切割机没有停止运行时要握紧，不得松手。

⑰ 如果切割机有异常的反应，均需要立刻停止运作，待检修合格后才能够使用。例如切割机转速急剧下降或停止转动、切割机电动机出现换向器火花过大及环火现象、切割锯片出现强烈抖动或摆动现象、机壳出现温度过高等现象，需要待查明原因，经检修正常后才可继续使用。

⑱ 切割机作业时，需要防止杂物、泥尘混入电动机内，并且随时观察机壳温度，如果机壳温度过高及产生炭刷火花时，需要立即停机检查处理。

⑲ 切割机切割过程中用力要均匀适当，推进刀片时不得用力过猛。当发生刀片卡死时，需要立即停机，慢慢退出刀片，重新对正后才可再切割。

⑳ 检修与更换配件前，一定要确保电源是断开的，并且切割机已经停止运转。

### 1.2.10 专用瓷砖切割机

专用瓷砖切割机是瓷砖切割机中的一种，它分为手动式和电动式两种。手动式瓷砖切割机又分为自测型和轻便型两种。手动自测型专用瓷砖切割机，又称为手动瓷砖推刀、手动瓷砖划刀、手动瓷砖拉机等。手动自测型专用瓷砖切割机操作简单，一量一划一扳即可。专用的瓷砖切割机外形如图1-13所示。

专用瓷砖切割机可以精确地把瓷砖釉面划开，并且能一次分离瓷砖，瓷砖切口整整齐齐。

常用的手动专用瓷砖切割机操作方法如下。

① 将自由脚打开，上紧螺母。

第1章 泥瓦工具快学活用

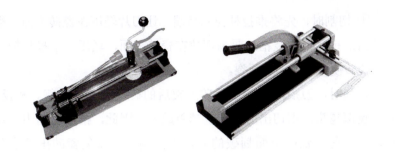

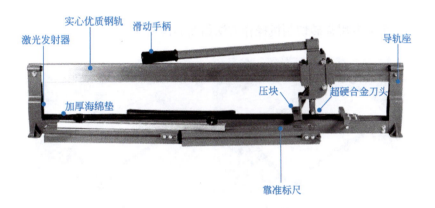

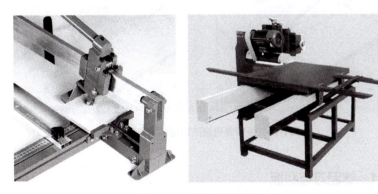

图1-13 专用瓷砖切割机外形

② 在尺杆上调好需要切割的尺码，确认后用手旋紧固定螺杆。

③ 将瓷砖搁放在平台上。

④ 切割时，先将推拉杆拉到后端，让刀片轻压在瓷砖上面，沿主轴向前推到前控竖槽，匝脚搁放在瓷砖上面，轻压一下推拉柄尾端，瓷砖便可随着刀痕断裂。

切割时，刀痕越细越浅瓷砖崩裂后的砖边就越正越靓。相反，刀痕越深越粗，则切出的砖边就越斜越丑。因此，推动时用力一定要轻。但是，瓷砖上面划破的刀痕不能间断，以免瓷砖出现崩角现象。

手动专用瓷砖切割机操作方法如图1-14所示。

图1-14　手动专用瓷砖切割机操作方法

## 1.2.11 抹泥刀与刮板

抹泥刀在铺贴瓷砖过程中，可以将泥浆均匀地抹到瓷砖背面，也就是具有抹平泥浆、填敷泥灰等功能。

抹泥刀刮抹时的倾斜需要根据刮抹泥浆量的多少来决定。

刮板分为齿刮板、普通刮板。齿刮板就是有齿形的一种刮板。齿刮板一般用于刮抹泥浆、找平泥浆。使用瓷砖胶时,可以用齿刮板将瓷砖胶刮抹拉槽,从而避免产生空鼓现象。

抹泥刀与刮板如图1-15所示。

图1-15　抹泥刀与刮板

## 1.2.12　橡胶锤

橡胶锤(图1-16)主要用于敲打一些易碎的物体,例如安装瓷砖和玻璃等时,用橡胶锤敲打可以起到一定的缓冲作用。

图1-16　橡胶锤

镶贴瓷砖时,用橡胶锤慢慢敲打瓷砖,这样振动敲砖,可以避免产生瓷砖碎裂、瓷砖空鼓等现象。另外,利用橡胶锤敲打瓷砖,还能够使瓷砖铺贴得更平整。

橡胶锤一般以木柄的居多,很少采用铁柄。橡胶锤的木柄可以减振、减轻锤头重击下通过手柄传导到手臂上的振动力,也就是可以减轻手臂受到的伤害与不适感。另外,木柄橡胶锤还可以减轻锤子的重量,在冷天使用时还可以提高手的舒适度。

橡胶锤的操作注意点如下。

① 操作前,需要注意橡胶锤安装是否牢固。

② 选择锤头不淬火的橡胶锤。

③ 选择使用无裂纹、无毛刺的橡胶锤。如果发现橡胶锤飞边、卷刺,则应及时修整。

 提醒

可以使用一种小型的平铺机代替橡胶锤。这种平铺机能够吸、拉,并可调节,具有一键振动敲砖、铺贴瓷砖省力高效的特点。

### 1.2.13 墙砖定位器

墙砖定位器(图1-17),其实就是一种墙砖高度的定位器。平时墙砖的定位是通过打桩实现的,但是这样操作容易出现歪斜现象。墙砖定位器可以高低调节,具有承重力强、定位准确的特点,从而可以提高贴墙砖时的效率与精准度。

图1-17 墙砖定位器

## 1.2.14 手动打玻璃胶工具

手动打玻璃胶的工具也叫作压胶枪,其特点如图1-18所示。

> 压胶枪压胶后,需要采用相应形状的刮片对胶进行整形,以达到美观要求。

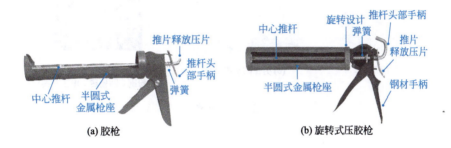

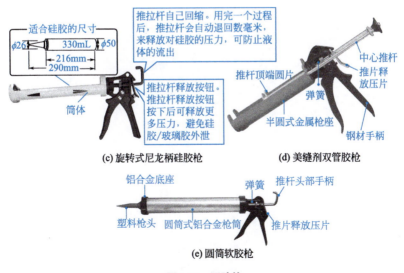

图1-18 压胶枪

## 1.2.15 手套

铺贴瓷砖时，因接触水泥、砂浆等，因此需要戴好手套，以免对人体肌肤造成危害。铺贴瓷砖时常用的手套有棉纱手套、皮手套等，如图1-19所示。

(a) 牛筋手套

(b) 劳保防水皮手套

(c) 棉纱手套(适用泥工砌墙、粉刷、贴瓷砖、电工开槽)

图1-19　手套

# 第2章 细学瓷砖铺贴界面材料

## 2.1 砂子

### 2.1.1 建筑用砂的术语与定义

建筑用砂的术语与定义见表2-1。

表2-1 建筑用砂的术语与定义

| 术语 | 定义 |
| --- | --- |
| 天然砂 | 自然生成的，经人工开采和筛分的粒径小于4.75mm的岩石颗粒，包括河砂、湖砂、山砂、淡化海砂，但不包括软质、风化的岩石颗粒 |
| 机制砂 | 经除土处理，由机械破碎、筛分制成的，粒径小于4.75mm的岩石、矿山尾矿或工业废渣颗粒，但不包括软质、风化的颗粒，俗称人工砂 |
| 泥块含量 | 砂中原粒径小于1.18mm，经水浸洗、手捏后小于600μm的颗粒含量 |
| 含泥量 | 天然砂中粒径小于75μm的颗粒含量 |
| 石粉含量 | 机制砂中粒径小于75μm的颗粒含量 |
| 亚甲蓝（MB）值 | 用于判定机制砂中粒径小于75μm颗粒的吸附性能的指标 |
| 坚固性 | 砂在自然风化和其他外界物理化学因素作用下抵抗破裂的能力 |
| 轻物质 | 砂中表观密度小于2000kg/m³的物质 |
| 碱集料反应 | 水泥、外加剂等混凝土组成物及环境中的碱与集料中碱活性矿物在潮湿环境下缓慢发生并导致混凝土开裂破坏的膨胀反应 |
| 细度模数 | 衡量砂粗细程度的指标 |

建筑用砂如图2-1所示。

贴瓷砖的砂子应采用洁净、无有机杂质的中砂或粗砂，含泥量不大于3%，氯离子含量符合有关标准规定，禁止使用海砂

图2-1 建筑用砂

> **提醒**
>
> 铺贴地砖使用粗砂。

## 2.1.2 建筑用砂的分类与规格

建筑用砂的分类与规格如图2-2所示。

建筑用砂的分类与规格
- 砂按产源分为天然砂、机制砂
- 砂按细度模数分为粗、中、细三种规格，其细度模数分别为：
  - 粗：3.1~3.7
  - 中：2.3~3.0
  - 细：1.6~2.2
- 砂按技术要求分为Ⅰ类、Ⅱ类、Ⅲ类

图2-2 建筑用砂的分类与规格

## 2.1.3 建筑用砂颗粒级配与级配类型的规定

建筑用砂颗粒级配与级配类型的规定见表2-2。

表2-2 建筑用砂颗粒级配与级配类型的规定

| 颗粒级配 | | | | | | |
|---|---|---|---|---|---|---|
| 砂的分类 | 天然砂 | | | 机制砂 | | |
| 级配区 | 1区 | 2区 | 3区 | 1区 | 2区 | 3区 |
| 方筛孔 | 累计筛余/% | | | | | |
| 4.75mm | 0～10 | 0～10 | 0～10 | 0～10 | 0～10 | 0～10 |
| 2.36mm | 5～35 | 0～25 | 0～15 | 5～35 | 0～25 | 0～15 |
| 1.18mm | 35～65 | 10～50 | 0～25 | 35～65 | 10～50 | 0～25 |
| 600μm | 71～85 | 41～70 | 16～40 | 71～85 | 41～70 | 16～40 |
| 300μm | 80～95 | 70～92 | 55～85 | 80～95 | 70～92 | 55～85 |
| 150μm | 90～100 | 90～100 | 90～100 | 85～97 | 80～94 | 75～94 |
| 级配类别 | | | | | | |
| 类别 | Ⅰ | | Ⅱ | | Ⅲ | |
| 级配区 | 2区 | | 1、2、3区 | | | |

## 2.1.4 天然砂含泥量与泥块含量的要求

天然砂含泥量与泥块含量的要求见表2-3。

表2-3 天然砂含泥量与泥块含量的要求

| 类别 | Ⅰ | Ⅱ | Ⅲ |
|---|---|---|---|
| 含泥量（按质量计）/% | ≤1.0 | ≤3.0 | ≤5.0 |
| 泥块含量（按质量计）/% | 0 | ≤1.0 | ≤2.0 |

## 2.1.5 砂中有害物质含量要求

砂中有害物质含量要求见表2-4。

表2-4 砂中有害物质含量要求

| 类别 | I | II | III |
|---|---|---|---|
| 云母（按质量计）/% | ≤1.0 | ≤2.0 | |
| 轻物质（按质量计）/% | ≤1.0 | | |
| 有机物 | 合格 | | |
| 硫化物及硫酸盐（按$SO_3$质量计）/% | ≤0.5 | | |
| 氯化物（以氯离子质量计）/% | ≤0.01 | ≤0.02 | ≤0.06 |
| 贝壳（按质量计）①/% | ≤3.0 | ≤5.0 | ≤8.0 |

① 该指标仅适用于海砂，其他砂种不作要求。

## 2.2 水泥

### 2.2.1 通用硅酸盐水泥的定义与强度

通用硅酸盐水泥的定义与强度如图2-3所示。

| 品种 | 强度等级 | 抗压强度/MPa | | 抗折强度/MPa | |
|---|---|---|---|---|---|
| | | 3d | 28d | 3d | 28d |
| 硅酸盐水泥 | 42.5 | ≥17.0 | ≥42.5 | ≥3.5 | ≥6.5 |
| | 42.5R | ≥22.0 | | ≥4.0 | |
| | 52.5 | ≥23.0 | ≥52.5 | ≥4.0 | ≥7.0 |
| | 52.5R | ≥27.0 | | ≥5.0 | |
| | 62.5 | ≥28.0 | ≥62.5 | ≥5.0 | ≥8.0 |
| | 62.5R | ≥32.0 | | ≥5.5 | |
| 普通硅酸盐水泥 | 42.5 | ≥17.0 | ≥42.5 | ≥3.5 | ≥6.5 |
| | 42.5R | ≥22.0 | | ≥4.0 | |
| | 52.5 | ≥23.0 | ≥52.5 | ≥4.0 | ≥7.0 |
| | 52.5R | ≥27.0 | | ≥5.0 | |
| 矿渣硅酸盐水泥<br>火山灰硅酸盐水泥<br>粉煤灰硅酸盐水泥<br>复合硅酸盐水泥 | 32.5 | ≥10.0 | ≥32.5 | ≥2.5 | ≥5.5 |
| | 32.5R | ≥15.0 | | ≥3.5 | |
| | 42.5 | ≥15.0 | ≥42.5 | ≥3.5 | ≥6.5 |
| | 42.5R | ≥19.0 | | ≥4.0 | |
| | 52.5 | ≥21.0 | ≥52.5 | ≥4.0 | ≥7.0 |
| | 52.5R | ≥23.0 | | ≥4.5 | |

通用硅酸盐水泥是以硅酸盐水泥熟料和适量的石膏，及规定的混合材料制成的水硬性胶凝材料

不同品种、不同强度等级的通用硅酸盐水泥，其不同龄期的强度应符合本表的规定

图2-3 通用硅酸盐水泥的定义与强度

第2章 细学瓷砖铺贴界面材料

> **提醒**
>
> 只要贴瓷砖，一般都会用到水泥。水泥一定要在30d以内（即1个月以内）用完（以生产日期开始计算有效日期），以免水泥黏结能力下降。购买水泥时，一定要看生产日期。家庭装修一般使用325标号的水泥即可。

水泥的简单鉴定方法如下。

① 如果水泥超过12h仍不能凝固，则说明该水泥质量不好。

② 如果一天前铺贴的瓷砖仍能够起下来，则说明该水泥质量不好。

③ 用一次性杯子装一点水泥，加水搅匀。静置6h后，用手戳一戳、捻一捻，如果戳不动、捻不开，则说明该水泥质量好。

### 2.2.2 复合硅酸盐水泥的特点

复合硅酸盐水泥是用硅酸盐水泥熟料、15%～50%两种或两种以上规定的混合材料、适量石膏磨细制成的水硬性胶凝材料。复合硅酸盐水泥的特点如图2-4所示。

图2-4 复合硅酸盐水泥的特点

### 2.2.3 彩色硅酸盐水泥有关术语与定义

彩色硅酸盐水泥有关术语与定义见表2-5。

表2-5 彩色硅酸盐水泥有关术语与定义

| 术语 | 定义 |
|---|---|
| 彩度 | 彩度也就是纯度或饱和度,是表示物体表面颜色的浓淡,也就是颜色的鲜艳程度。彩度属于颜色的三属性之一 |
| 彩色硅酸盐水泥 | 一般由硅酸盐水泥熟料与适量石膏（或白色硅酸盐水泥）、混合材、着色剂磨细或混合制成的带有色彩的一种水硬性胶凝材料 |
| 明度 | 明度表示物体表面相对明暗的特性,属于颜色的三属性之一 |
| 色调 | 色调表示红、黄、蓝、绿等颜色的特性,属于颜色的三属性之一 |
| 颜色对比样 | 彩色硅酸盐水泥用色差仪器测量或目视对比时,作为标准色的一种水泥样品 |

## 2.2.4 彩色硅酸盐水泥的分类

彩色硅酸盐水泥的分类如图2-5所示。

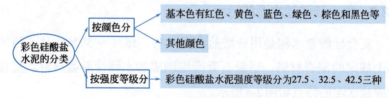

图2-5 彩色硅酸盐水泥的分类

## 2.2.5 彩色硅酸盐水泥各强度等级水泥的各龄期强度要求

彩色硅酸盐水泥各强度等级水泥的各龄期强度要求见表2-6。

表2-6 彩色硅酸盐水泥各强度等级水泥的各龄期强度要求

| 强度等级 | 抗压强度/MPa | | 抗折强度/MPa | |
|---|---|---|---|---|
| | 3d | 28d | 3d | 28d |
| 27.5 | ≥7.5 | ≥27.5 | ≥2.0 | ≥5.0 |
| 32.5 | ≥10.0 | ≥32.5 | ≥2.5 | ≥5.5 |
| 42.5 | ≥15.0 | ≥42.5 | ≥3.5 | ≥6.5 |

## 2.2.6 各类水泥的应用

各类水泥的应用见表2-7。

表2-7 各类水泥的应用

| 水泥品种<br>环境条件 | 硅酸盐水泥 | 普通硅酸盐水泥 | 快硬硅酸盐水泥 | 矿渣水泥 | 火山灰质水泥 | 粉煤灰水泥 | 复合硅酸盐水泥 |
|---|---|---|---|---|---|---|---|
| 要求抗冻 | 优先使用 | 优先使用 | 优先使用 | 可以使用 | 不得使用 | 不宜使用 | 优先使用 |
| 要求抗渗 | 可以使用 | 优先使用 | 可以使用 | 不宜使用 | 优先使用 | 优先使用 | 优先使用 |
| 要求抗磨 | 优先使用 | 优先使用 | 优先使用 | 可以使用 | 不得使用 | 不宜使用 | 不宜使用 |
| 一般气候环境 | 优先使用 | 优先使用 | 可以使用 | 可以使用 | 可以使用 | 可以使用 | 可以使用 |
| 干燥环境 | 优先使用 | 优先使用 | 可以使用 | 可以使用 | 不得使用 | 不得使用 | 不得使用 |
| 潮湿环境或水下 | 可以使用 | 可以使用 | 可以使用 | 优先使用 | 优先使用 | 优先使用 | 优先使用 |
| 厚大体积 | 不宜使用 | 可以使用 | 不得使用 | 优先使用 | 优先使用 | 优先使用 | 优先使用 |
| 要求快硬、高强 | 优先使用 | 优先使用 | 优先使用 | 不宜使用 | 不宜使用 | 不宜使用 | 不宜使用 |

## 2.3 水泥砂浆

### 2.3.1 水泥砂浆配合比

在装修中，无论是新建筑物装修还是改造旧建筑物装修，都会使用到水泥砂浆。

水泥砂浆强度等级是以边长为7.07cm的立方体试块，根据标准条件［温度为（20±2）℃、相对湿度为90%以上］下养护到28d的抗压强度值来确定。

水泥砂浆强度等级一般是根据图纸、设计要求来确定的。例如图纸上标明砌筑用砂浆M7.5，则就使用M7.5的砂浆。例如图纸上标明是用1∶2.5砂浆，则砂浆中水泥砂子的比例就为1∶2.5。

水泥砂浆根据抗压强度可以划分为M3、M5、M7.5、M10、M12.5、M15、M20、M25、M30、M40等强度等级。水泥砂浆强度的选择要点如下。

① 一般情况下，多层建筑物墙体可以选择M2.5～M15的砌筑砂浆。

② 简易平房、临时建筑，一般选用石灰砂浆。

③ 砖石基础、检查井、雨水井等砌体，一般常用M5砂浆。

④ 二层以下建筑，一般常用M2.5以下砂浆。

⑤ 一般高速公路修建排水沟，可以使用M7.5强度等级的砌筑砂浆。

⑥ 工业厂房、变电所、地下室等砌体，一般选用M2.5～M10的砌筑砂浆。

⑦ M5水泥砂浆防潮性能好，常用在墙基"防潮层"以下的砖砌体砌筑、墙面抹面用。

砂浆标号的含义举例解读如下。

100号水泥砂浆就是说它的强度为$100kg/cm^2$。目前，基本改成以MPa为单位，则100号水泥砂浆对应的标号为M10。

水泥砂浆配合比根据原材料不同、砂浆用途不同而异，没有统一的规定。一般是以常用的42.5普通硅酸盐水泥、中砂配100号（M10）砌筑砂浆为例，则其配比为水泥305kg、砂1.10$m^3$、水183kg。

M 7.5水泥砂浆配合比的解读如图2-6所示。

装修中，水泥砂浆配比一般为1：2，即符合国家有关规定。如果降低比例，水泥多一些，则更能增强黏结力。

铺贴墙砖时，可以采用1：1比例的混合水泥和砂子。铺贴地砖时，水泥与砂子的比例可以增大为1：2或1：3。这是因为多数房屋地面需要用水泥砂浆进行找平处理。同时，为了防止水泥收缩过大造成较大的拉应力拉裂瓷砖，一半宜用低标号的水泥。

图2-6 M 7.5水泥砂浆配合比的解读

另外，水泥砂浆配比不均匀或涂刷时间过长，使水泥浆风干结硬不起黏结作用，会造成瓷砖空鼓。铺设的砂浆一般为干硬性砂浆，如果加水较多或砂浆不平整，会造成瓷砖空鼓。如果铺设前，瓷砖背面浮灰没有刷净与浸水润湿，也会造成瓷砖空鼓。铺贴瓷砖时，基层表面清理不干净或浇水润湿不够，也会造成瓷砖空鼓。

水泥砂浆配合比标号强度是指对根据标准方法制作与养护的立方体试件，在28d龄期，用标准试验方法测得的抗压强度总体分布中的一个值。砂浆根据用途分为砌筑砂浆、抹灰砂浆、接缝砂浆等几种。

P.S32.5表示的含义：P.S代表矿渣硅酸盐水泥，32.5代表强度等级为32.5级，也就是水泥的28 d抗压强度不低于32.5MPa。

## 2.3.2 水泥砂浆的密度

水泥砂浆密度对施工质量、施工工艺都有着较大的影响。为此，需要对水泥砂浆的密度进行测试。

水泥砂浆密度包括干密度与湿密度。其中，水泥砂浆干密度包括水泥砂浆松散堆积密度与水泥砂浆紧密堆积密度。

（1）水泥砂浆松散堆积密度　水泥砂浆在松散状态下的密度，也就是自然状态下粉体的密度。

（2）水泥砂浆紧密堆积密度　水泥砂浆在紧密堆积状态下粉体的密度。

（3）水泥砂浆湿密度　水泥砂浆湿密度就是加水搅拌后砂浆的密度。

密度的测试方法均是有严格规定的。但是，需要注意的是根据同样的方法，不同的测试人员测试的数据会存在误差，但是不应差异太大。

水泥砂浆密度参数数据如下。

外墙腻子（湿密度）：1400kg/m³。

外墙腻子（松散密度）：900～1200kg/m³。

水泥砂浆（湿密度）：1800kg/m³。

抗裂砂浆（湿密度）：1600kg/m³。

抗裂砂浆（松散密度）：1250～1400kg/m³。

**提醒**

传统的水泥砂浆与混凝土，一般是测试湿密度。

### 2.3.3　水泥砂浆找平

水泥砂浆找平主要步骤如图2-7所示。

图2-7　水泥砂浆找平主要步骤

水泥砂浆找平主要步骤的特点如下。

（1）地面基层处理　进行施工前，需要对地面基层进行处理，确保地面不空鼓、不起块、清理干净、无施工障碍等。另外，需要对已完成的制品根部进行包扎、原有设施根部进行包扎或者用材料进行隔挡。

（2）标高抹灰饼　根据地面铺贴饰材的种类厚度、完成面标准线确定找平厚度。一般面层抹灰厚度不小于20mm。在墙面弹出找平控制线，然后根据找平控制线沿墙四周抹灰饼，灰饼大小一般为5cm×5cm，横竖间距为1.5～2.0m，并且灰饼上平面就是地面面层标高。如果房间比较大，还需要抹标筋。

（3）刷水泥浆　刷水泥浆的作用是为了使得水泥砂浆与地面的衔接更紧密。水泥浆需要根据1∶0.5的比例配制。水泥浆调制好后，需要用扫帚等工具涂刷到地面，以便形成结合层。

（4）铺水泥砂浆　涂刷完水泥砂浆后，需要铺水泥砂浆。水泥砂浆配合比大约为水泥∶砂=1∶2，并且搅拌均匀。满铺水泥砂浆后，可以用长木杠拍实搓平，以便砂浆与基层结合密实。

提醒

铺抹灰饼与标筋的砂浆材料配合比均与抹地面的砂浆的配合比一样。

## 2.4　黏结剂（瓷砖胶）

### 2.4.1　瓷砖黏结剂概述

瓷砖黏结剂与传统水泥砂浆比较，其具有以下优点。

① 瓷砖黏结剂的黏结力是传统水泥的两倍以上，用于普通

外墙混凝土、墙壁面上粘贴瓷砖，可以最大限度地防止外墙砖的脱落。

② 瓷砖黏结剂施工高效，比传统瓷砖粘贴要快2～3倍。

③ 瓷砖黏结剂用量少，以粘贴相同型号的瓷砖为例，传统的水泥砂浆每平方米用量约为11kg，使用黏结剂大约需4.5kg。

④ 瓷砖黏结剂绿色环保，加水即用，无毒无异味，有极强抗透性等特点。

⑤ 瓷砖黏结剂耐水性强。

### 2.4.2 陶瓷砖胶黏剂的分类与代码

陶瓷砖胶黏剂的分类与代码如图2-8所示。

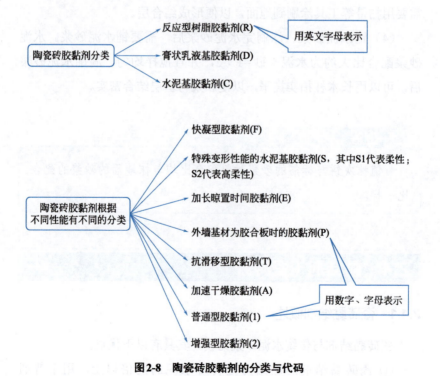

图2-8 陶瓷砖胶黏剂的分类与代码

## 2.4.3 陶瓷砖水泥基胶黏剂的性能要求

陶瓷砖水泥基胶黏剂的性能要求见表2-8。

表2-8 陶瓷砖水泥基胶黏剂的性能要求　　　单位：MPa

| 分类 | 性能 | 指标 |
| --- | --- | --- |
| C2<br>（增强型水泥基胶黏剂） | 拉伸黏结强度 | ≥1.0 |
| | 浸水后拉伸黏结强度 | ≥1.0 |
| | 热老化后拉伸黏结强度 | ≥1.0 |
| | 冻融循环后拉伸黏结强度 | ≥1.0 |
| | 晾置时间≥20min，拉伸黏结强度 | ≥0.5 |
| C1<br>（普通型水泥基胶黏剂） | 拉伸黏结强度 | ≥0.5 |
| | 浸水后拉伸黏结强度 | ≥0.5 |
| | 热老化后拉伸黏结强度 | ≥0.5 |
| | 冻融循环后拉伸黏结强度 | ≥0.5 |
| | 晾置时间≥20min，拉伸黏结强度 | ≥0.5 |

## 2.4.4 瓷砖胶用量

瓷砖胶用量参考见表2-9。

表2-9 瓷砖胶用量参考

| 瓷砖规格/mm | 安全黏结参考厚度/mm | 参考用量/(kg/m$^2$) | 参考选型 | 参考产品 |
| --- | --- | --- | --- | --- |
| 300×600 | 7 | 10.5 | C1/C2 | PD-303 |
| 600×600 | 8 | 12 | C1/C2 | PD-303/PD-306 |
| 800×800 | 10 | 15 | C2 | PD-306 |
| 外墙纸皮砖 | 3 | 4.5 | C1 | PD-303 |

提醒

瓷砖胶用量的多少具体跟瓷砖的尺寸、基层平整度、垂直度等有关系。

## 2.4.5 瓷砖胶使用要求

瓷砖胶使用要求如图2-9所示。

| 瓷砖胶掺水泥、掺砂子 | 严格根据说明要求使用 |

| 使用铁铲搅拌<br>直接在地面搅拌 | 应使用电动工具搅拌<br>应用桶装搅拌 |

| 搅拌后过段时间再使用 | 瓷砖胶应随搅随用，使用时间控制在2小时内瓷砖胶干固后应丢弃 |

图2-9 瓷砖胶使用要求

## 2.5 填缝剂

### 2.5.1 陶瓷墙地砖填缝剂术语与定义

陶瓷墙地砖填缝剂术语与定义见表2-10。

表2-10 陶瓷墙地砖填缝剂术语与定义

| 术语 | 定义 |
| --- | --- |
| 填缝剂 | 所有适用于填充墙地砖间接缝的材料 |
| 填缝 | 填充墙地砖间接缝的过程，但不包括填充伸缩缝 |
| 反应型树脂填缝剂 | 由合成树脂、骨料、有机和无机外加剂等组成的混合物，通过化学反应而硬化。产品可以是单组分或多组分的 |
| 水泥基填缝剂 | 由水硬性胶凝材料、矿物集料、有机和无机外加剂等组成的粉状混合物。使用时需与水或液态外加剂混合 |

续表

| 术语 | 定义 |
|---|---|
| 施工方法 | 填充墙地砖间接缝以及清洁墙地砖的方法 |
| 液态外加剂 | 在施工现场与水泥基填缝剂混合的特殊液态聚合物的水分散体 |
| 贮存期 | 填缝剂在规定的条件下，能保证其使用性能的时间 |
| 填缝时间 | 墙地砖安装后，填缝前的最小时间间隔 |
| 清洁时间 | 填缝后到清洁前的时间 |
| 养护时间 | 墙地砖填缝后到承载前的最小时间间隔 |
| 熟化时间 | 水泥基填缝剂拌和后到再次搅拌可使用的时间间隔 |
| 可操作时间 | 填缝剂拌和好后能够使用的最长时间 |
| 墙地砖 | 由陶瓷或天然和人造石材制成的砖 |
| 横向变形 | 硬化填缝剂试件受到三点荷载时，破坏前试件中央发生的最大位移 |
| 收缩 | 填缝剂在硬化过程中体积的减小 |
| 耐磨性 | 填缝剂表面抵抗磨损的能力 |
| 吸水量 | 填缝剂表面与水接触时，由于毛细管作用吸收的水量 |
| 抗折强度 | 填缝剂破坏时，在其三点施加的弯曲应力的大小 |
| 挤压强度 | 填缝剂破坏时，在其方向相反的两点施加的压应力的大小 |
| 抗化学侵蚀性 | 填缝剂抵抗化学作用的能力 |
| 附加性能 | 在特定使用条件下，填缝剂可选用的改进性能 |
| 基本性能 | 填缝剂必须具有的性能 |

## 2.5.2　陶瓷墙地砖填缝剂的分类与代号

陶瓷墙地砖填缝剂的分类与代号如图2-10所示。

| 分类 | 代号 | 说明 |
|---|---|---|
| RG | 1 | 反应型树脂填缝剂 |
| CG | 1 | 普通型—水泥基填缝剂 |
| CG | 1F | 快硬性—普通型—水泥基填缝剂 |
| CG | 2A | 高耐磨—改进型—水泥基填缝剂 |
| CG | 2W | 低吸水—改进型—水泥基填缝剂 |
| CG | 2WA | 低吸水—高耐磨—改进型—水泥基填缝剂 |
| CG | 2AF | 高耐磨—快硬性—改进型—水泥基填缝剂 |
| CG | 2WF | 低吸水—快硬性—改进型—水泥基填缝剂 |
| CG | 2WAF | 低吸水—高耐磨—快硬性—改进型—水泥基填缝剂 |

（填缝剂的分类和代号）

注：改进型水泥基填缝剂是指至少具有低吸水性和高耐磨性两项性能中的一项的水泥基填缝剂。

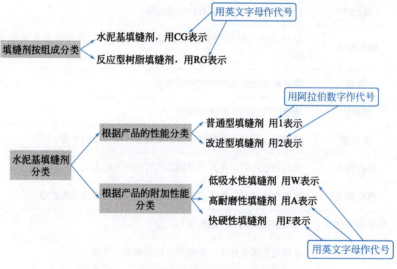

图2-10 陶瓷墙地砖填缝剂的分类与代号

## 2.5.3 陶瓷墙地砖水泥基填缝剂技术与性能要求

陶瓷墙地砖水泥基填缝剂技术与性能要求见表2-11。

## 第2章　细学瓷砖铺贴界面材料

**表2-11　陶瓷墙地砖水泥基填缝剂技术与性能要求**

| 水泥基填缝剂的附加性能要求 | | | |
|---|---|---|---|
| 项目 | | | 指标 |
| 240min低吸水量/g | | ≤ | 5.0 |
| 高耐磨性/mm³ | | ≤ | 1000 |
| 30min低吸水量/g | | ≤ | 2.0 |
| 水泥基填缝剂的技术要求 | | | |
| 项目 | | | 指标 |
| | | | CG1　　CG1F |
| 抗压强度/MPa | 标准试验条件 | > | 15.0 |
| | 冻融循环后 | > | 15.0 |
| 抗折强度/MPa | 标准试验条件 | > | 2.50 |
| | 冻融循环后 | > | 2.50 |
| 吸水量/g | 30min | < | 5.0 |
| | 240min | < | 10.0 |
| 标准试验条件24h抗压强度/MPa | | > | —　　　15.0 |
| 耐磨损性/mm³ | | < | 2000 |
| 收缩值/(mm/m) | | < | 3.0 |

### 2.5.4　陶瓷墙地砖反应型树脂填缝剂技术要求

陶瓷墙地砖反应型树脂填缝剂技术要求见表2-12。

**表2-12　陶瓷墙地砖反应型树脂填缝剂技术要求**

| 项目 | 指标 |
|---|---|
| 收缩值/(mm/m) | ≤1.5 |
| 240min吸水量/g | ≤0.1 |
| 标准试验条件28d的抗折强度/MPa | ≥30.0 |
| 标准试验条件28d的抗压强度/MPa | ≥45.0 |
| 耐磨性/mm³ | ≤250 |

## 2.5.5　陶瓷墙地砖填缝剂标识要求

陶瓷墙地砖填缝剂标识要求如图2-11所示。

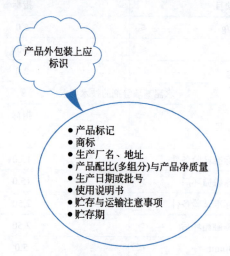

图2-11　陶瓷墙地砖填缝剂标识要求

## 2.5.6　陶瓷墙地砖填缝剂说明书要求

陶瓷墙地砖填缝剂说明书要求如图2-12所示。

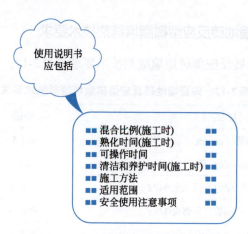

图2-12　陶瓷墙地砖填缝剂说明书要求

**提醒**

　　填缝剂的使用不仅会影响装修最后的美观效果，还能够在以后的使用过程中防水、防霉，以及有关清洁打理。为此，应选择不收缩、不塌陷、坚硬耐磨、环保无甲醛、防霉抗污、粘接牢固、耐腐蚀抗老化、使用寿命长等特点的填缝剂。

# 第3章

# 精讲瓷砖基础知识

## 3.1 瓷砖概述

### 3.1.1 陶瓷与陶瓷制品

陶瓷与陶瓷制品的定义如图3-1所示。

陶瓷：是把黏土原料、瘠性原料及熔剂原料按配方配比后，经粉碎、成型并经过高温煅烧产生一系列物理化学反应后形成的坚硬物质

陶瓷制品：涵盖日用陶瓷、卫生陶瓷、建筑陶瓷等

建筑陶瓷：是应用于房屋、道路等土木建筑工程墙地装饰的陶瓷产品，主要有釉面砖、抛光砖等

图3-1 陶瓷与陶瓷制品的定义

### 3.1.2 瓷砖的作用与分类

瓷砖作为毛坯墙、地的保护物、装饰物，具有房子"皮肤"一说，其在装修中应用越来越频繁。瓷砖以其耐高温、耐磨、易补救、便于清洁、美观等特点，因而得到广泛应用。瓷砖的分类如图3-2所示。

# 第3章 精讲瓷砖基础知识

按规格进行分类：
- 150mm×900mm瓷砖
- 300mm×600mm瓷砖
- 300mm×300mm瓷砖
- 600mm×600mm瓷砖
- 600mm×1200mm瓷砖
- 800mm×800mm瓷砖
- 900mm×900mm瓷砖
- 1800mm×900mm瓷砖

按风格进行分类：
- 现代简约风格瓷砖
- 新中式风格瓷砖
- 后现代风格瓷砖
- 轻工业风格瓷砖
- 泰式风格瓷砖
- 日式风格瓷砖
- 简欧风格瓷砖
- 北欧风格瓷砖
- 东南亚风格瓷砖

按品类进行分类：
- 经典抛光砖
- 喷墨抛光砖
- 木纹砖
- 仿古砖
- 超平釉砖
- 通体大理石瓷砖
- 大板砖
- 柔光砖

按场景进行分类：
- 阳台瓷砖
- 背景墙瓷砖
- 玄关、过道瓷砖
- 卧室瓷砖
- 卫生间瓷砖
- 书房瓷砖
- 客厅瓷砖
- 厨房瓷砖
- 餐厅瓷砖
- 商用空间瓷砖

外墙砖：外墙仿古砖、外墙仿石砖、外墙印花砖、外墙亚光砖、外墙玻化砖、外墙釉面砖

地面砖：地面仿古砖、地面木纹砖、地面半抛砖、地面抛光砖、地面亚光砖、地面玻化砖、地面石纹砖

内墙砖：内墙石纹砖、内墙木纹砖、内墙文化石、内墙仿古砖、小规格内墙砖、内墙玻璃砖、内墙面包砖、内墙亚光砖、内墙玻化砖、内墙微晶砖、内墙抛光砖、内墙釉面砖

马赛克：玻璃马赛克、金属马赛克、陶瓷马赛克、石材马赛克、水晶马赛克

图 3-2

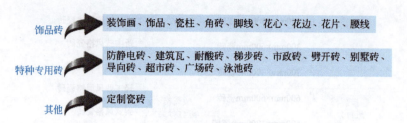

图3-2 瓷砖的分类

常用瓷砖的特点如图3-3所示。

玻化砖

玻化砖是一种高温烧制的瓷质砖,是所有瓷砖中最硬的一种

玻化砖的特点:耐脏性好、表面光亮、耐磨度高、价格较高,一般使用在客厅

抛光砖

抛光砖是最常用的一类瓷砖,属于通体砖的一种,其表面是经过打磨而成的一种光亮砖

抛光砖的特点:坚硬耐磨、价格实惠、耐脏性不好

第3章 精讲瓷砖基础知识

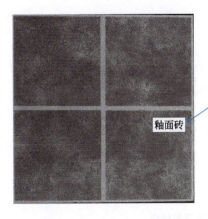

釉面砖

釉面砖是砖的表面经过施釉处理过的瓷砖，其分为陶土和瓷土两种
　　釉面砖的特点：表面图案丰富、色彩鲜艳、耐磨性较差

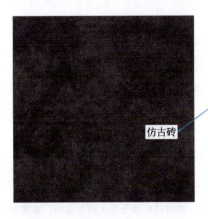

仿古砖

仿古砖是其图案效果侧重古典的独特韵味，通过其颜色、样式、图案营造出怀旧的氛围
　　仿古砖的特点：防滑性好、耐脏性较差

通体砖

通体砖是同质砖，其正反面的材质、色泽一致
　　通体砖的特点：很好的防滑耐磨性，耐脏性不好
　　通体砖主要适用于室内外墙面、地面的装饰

图 3-3

微晶石瓷砖

微晶石瓷砖是现在电视背景墙、高档场所常用的瓷砖种类,微晶石瓷砖几乎是所有瓷砖中最贵的一种

微晶石瓷砖的特点:色泽饱满、层次丰富、纹理自然、晶莹剔透、防污隔水、价格昂贵

图3-3　常用瓷砖的特点

**提醒**

需要体现明亮、大气风格,则可以选择抛光砖;需要体现自然、温馨风格,则可以选择仿古砖。

常用陶瓷砖的特点见表3-1。

表3-1　常用陶瓷砖的特点

| 名称 | 特点 |
| --- | --- |
| 釉面砖 | 为正面施釉的一种陶瓷砖。釉面砖可以分为地面釉面砖、墙面釉面砖 |
| 无釉砖 | 为正面不施釉的一种陶瓷砖 |
| 瓷片 | 瓷片又称为陶质釉面砖,其主要用于厨房、卫生间的墙面铺贴 |
| 广场砖 | 主要用于铺砌广场、道路的一种陶瓷砖。广场砖属于耐磨砖的一种。广场砖一般分为三大类:适用于地面的普通广场砖、适用于屋顶的屋面砖、适用于室内的超市砖。另外,普通广场砖还配套有盲道砖、止步砖等 |
| 抛光砖 | 经过机械研磨、抛光,表面呈镜面光泽的一种陶瓷砖。抛光砖就是通体砖坯体的表面经过打磨、抛光处理而成的一种光亮的砖。其属于通体砖的一种。抛光砖易脏,防滑性能不是很好 |

续表

| 名称 | 特点 |
|---|---|
| 仿古砖 | 其是釉面砖的一种,因表面质感古朴,铺贴效果具有文化气息,因此,又被称为仿古砖。现在的仿古砖,一般为瓷质的。仿古砖具有品种多、花色多、规格齐全等特点 |
| 花片 | 花片属于瓷片的配件,规格一般与瓷片相同,也有的由多块瓷片拼贴而成,花色美观,具有很强的装饰效果 |
| 腰线 | 腰线属于瓷片的配件,多用于厨房、卫生间装饰的中间部分。腰线一般狭长,像腰带一样,具有很强的装饰效果 |
| 渗花砖 | 其是抛光砖的一种,渗花砖是将可溶性色料溶液渗入坯体内,烧成后呈现色彩或花纹的一种陶瓷砖 |
| 地砖 | 一般用于厨房、卫生间、客厅、阳台的地面。这些空间的地砖需要考虑采用强度大、坚硬耐磨、防滑的砖。地砖吸水率一般要求小于0.5% |
| 釉面外墙砖 | 其是由胚体、釉面等部分构成的。高档瓷质釉面外墙砖是由瓷土烧制而成,吸水率低至0.5%以下,强度高 |
| 通体外墙砖 | 表面不上釉,正面与反面的材质、色泽一致。通体外墙砖一般表面粗糙,装饰效果古香古色、高雅别致、淳朴自然 |
| 亮光面外墙砖 | 该类外墙砖的表面一般采用施釉处理,表面光泽明亮 |
| 亚光面外墙砖 | 该类外墙砖的表面采用特殊工艺处理,表面的光泽稍显暗淡,介于亮光与磨砂面之间 |
| 磨砂面外墙砖 | 该类外墙砖的表面采用磨砂工艺处理,光泽暗淡迟钝 |
| 微粉砖 | 采用高档优质的低温陶瓷原料、高档发色鲜艳的无机坯体色料,经过适当的工艺、技术处理,然后经过高温烧成后,呈现各种丰富多彩的颜色纹理效果,内质比石材要好,吸水率要低,可媲美甚至超越天然石材 |
| 玻化砖 | 玻化砖其实就是全瓷砖,其致密程度要比一般地砖更高,其表面光洁但又不需要抛光,因此,不存在抛光气孔的问题。玻化砖是一种强化的抛光砖,其采用高温烧制而成。玻化砖质比抛光砖更硬更耐磨。玻化砖与抛光砖的主要区别在于吸水率 |
| 马赛克 | 马赛克又名陶瓷锦砖,其是一种特殊的瓷砖,一般由数十块小块的砖组成一个相对的大砖。马赛克具有规格多、耐酸、耐碱、耐磨、不渗水、薄而小、质地坚硬、抗压力强、不易破碎、彩色多样、用途广泛等特点 |

续表

| 名称 | 特点 |
| --- | --- |
| 内墙砖 | 一般用于湿度较大的厨房、卫生间墙面上。内墙砖需要考虑吸水率较高、耐污性好、易清洗的釉面陶质砖。内墙砖吸水率的国家标准为在10%～20%之间 |

### 提醒

瓷砖吸水率越低，铺贴时越难粘贴。一般是釉面砖贴墙面（墙砖），瓷质砖铺地面（地砖）。另外，瓷砖地面的防滑方法如下：

① 选择使用防滑砖；

② 喷涂瓷砖防滑剂；

③ 选择使用止滑砖；

④ 铺设地毯防滑。

## 3.1.3 陶砖与瓷砖的比较

陶砖与瓷砖的主要区别在于吸水率，吸水率小于0.5%为瓷砖，大于10%为陶砖，介于两者之间为半瓷砖。根据有关分类标准分类如下。

① 瓷质砖——吸水率小于等于0.5%。

② 炻瓷质砖——吸水率大于0.5%、小于等于3%。

③ 细炻质砖——吸水率大于3%、小于等于6%。

④ 炻质砖——吸水率大于6%、小于等于10%。

⑤ 陶质砖——吸水率大于10%。

吸水率的大小比较如下：陶质砖＞10%≥炻质砖＞6%≥细炻质砖＞3%≥炻瓷质砖＞0.5%≥瓷质砖。

陶砖与瓷砖的区别如下。

① 常见各种抛光砖、无釉面砖、大部分卫生洁具是瓷质的，吸水率≤0.5%。

② 仿古砖、小地砖（地爬墙）、水晶砖、耐磨砖、亚光砖等是炻质砖，即半瓷砖（半瓷），吸水率为0.5%～10%。

③ 瓷片、陶管、饰面瓦、琉璃制品等一般都是陶质的，吸水率＞10%。

④ 陶烧温度低，其里面有很多孔洞，结合松散。瓷烧温度高，坯体结合紧密。

⑤ 陶砖渗透比较多，瓷砖（严格意义上瓷砖是不渗透的）渗透相对比较少。

⑥ 同条件下，陶砖重量比较轻。瓷砖因密度大，比较重。

⑦ 陶砖敲击出来的声音是比较沉闷的，瓷砖敲击出来的声音是清脆且振动频率比较大。

⑧ 用手轻轻抹一下，很多粉状东西会掉下来，则是陶砖。用手轻轻抹一下，没有很多粉状东西掉下来，则是瓷砖。

### 3.1.4　瓷砖质量的判断

瓷砖质量的判断方法如下。

（1）干燥窑不同　干燥窑不同，瓷砖的干燥程度也不同。在日常判断瓷砖质量好坏时，可以通过询问厂家销售员得知预选产品所采用干燥窑的情况，进而判断瓷砖质量的好坏。

（2）烧制时间不同　瓷砖烧制时间短，瓷砖就烧不透。例如砖坯中间有黑心，则往往是没烧透引起的。在日常判断瓷砖质量好坏时，可以通过询问厂家销售员得知预选产品烧制时间的情况，进而判断瓷砖质量的好坏。

（3）检验方法及标准不同　有的瓷砖检验标准严于国家标准，有的达到国家标准；有的是机器检验，有的是人工检验，有的是机器检验与人工检验两道关，则瓷砖质量有差异。如果是日常判断瓷砖质量好坏时，可以通过询问厂家销售员得知预选产品厂家出厂时检验的情况，进而判断瓷砖质量的好坏。

（4）看原料　原料泥质好、杂质少、原料中添加高铝等情况下，这样的瓷砖不易开裂且耐磨。

（5）生产线不同　先进、现代化的生产线，比靠人工手工操作的普通厂，生产出的瓷砖质量自然要好一些。

（6）压机不同　大吨位的压机能够做出小吨位压机无法做出来的产品，压机的吨位会影响瓷砖的密度和硬度。

（7）平整度检查　测量瓷砖平整度的方法如下。

① 将两块同型号、同规格的瓷砖面对面放在一起，并且双手用力捏一边，观察另一边的翘起程度。起翘越小，则说明平整度越高。该方法适用于玻化砖、抛釉砖等，不适用于仿古砖、边角有特殊工艺的瓷砖。

② 利用靠尺、塞尺等工具来测量判断。测量方法：首先把靠尺平放在瓷砖表面，然后用力按压一端使其紧靠在瓷砖表面，再放入塞尺，看另一端与瓷砖的缝隙大小。

③ 首先准备好两块同型号、同规格的瓷砖，然后将一块瓷砖竖直放在另一块瓷砖的表面，观察两块砖间的缝隙。透光越少，则说明平整度越高。

瓷砖质量的检查判断如图3-4所示。

 提醒

瓷砖开箱时，如果对瓷砖有任何质量异议，应立即致电瓷砖经销商或者厂家处理。一般情况瓷砖一经铺贴，因责任难以确定，瓷砖经销商或者厂家会推卸责任。

第3章 精讲瓷砖基础知识

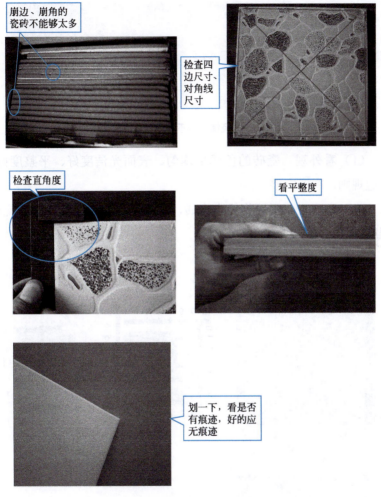

图3-4 瓷砖质量的检查判断

一经铺贴恕不负责的告知图例如图3-5所示。

## 3.1.5 挑选瓷砖的原则

挑选瓷砖的原则就是一看、二听、三滴水、四尺量,如图3-6所示。

图3-5 一经铺贴恕不负责的告知图例

（1）看外观　瓷砖的色泽要均匀、表面光洁度好、平整度好、周边规则、图案完整。

（2）听声音　用硬物轻击瓷砖，声音越清脆，则说明瓷砖瓷化程度越高，质量越好。

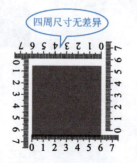

四周尺寸无差异

边角直角

一看外观——瓷砖的色泽要均匀、表面光洁度好、平整度好、周边规则、图案完整

尺寸是否标准是判断瓷砖优劣的关键。用卷尺或卡尺测量瓷砖的对角线、厚度是否均匀，如果均匀，说明该瓷砖质量较好

## 第3章 精讲瓷砖基础知识

图3-6 挑选瓷砖的原则

（3）滴水试验　将水滴在瓷砖背面，看水散开后浸润的快慢。一般而言，吸水越慢，则说明该瓷砖密度越大，品质优。吸水越快，则说明该瓷砖密度稀疏，其品质就差一些。也就是滴清水后砖面上没有形成明显的水印，则说明该瓷砖吸水率低，可判断其是好砖。

（4）尺量　用卷尺测量每片瓷砖的周边大小有无差异，精确度高的为上品。用卡尺测量抛光砖，抛光砖边长偏差±1mm，对角线偏差为±0.2%。如果超出这标准，将会对装饰效果产生较大影响。

### 提醒

① 同一包装箱中抽出4～6片瓷砖查看，无色差、无变形、无缺棱少角等缺陷的质量较好。

② 听声音，用左手拇指、食指和中指夹住瓷砖一角，然后轻松垂下，再用右手食指轻击瓷砖中下部。如果声音清亮、悦耳、脆响，则说明该片瓷砖为上品；如果声音沉闷、滞浊、"嗒嗒"带破茬声，则说明该片瓷砖为下品。

③ 瓷砖边长的精确度越高，铺贴后的效果越好，买优质瓷砖不但容易施工，安装出来的效果也好，而且能节约工时和辅料。

### 3.1.6 瓷砖残片棱角互相划痕判断

判断瓷砖质量好坏,还可以采用瓷砖残片棱角互相划痕来判断,如图3-7所示。

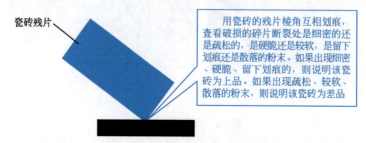

图3-7 瓷砖残片棱角互相划痕判断

用瓷砖的残片棱角互相划痕,查看破损的碎片断裂处是细密的还是疏松的,是硬脆还是较软,是留下划痕还是散落的粉末。如果出现细密、硬脆、留下划痕的,则说明该瓷砖为上品。如果出现疏松、较软、散落的粉末,则说明该瓷砖为差品

### 3.1.7 瓷砖色彩与人的关系

装修风格是通过颜色、造型、纹饰、器物等来塑造的。其中,瓷砖颜色的选择自然需要高度关注。瓷砖色彩与人的关系见表3-2。

表3-2 瓷砖色彩与人的关系

| 项目 | 色彩与人的关系 |
| --- | --- |
| 颜色可以影响人的温度感觉 | 一般而言,红、黄等波长较长的颜色给人温暖的感觉;蓝、紫等波长较短的颜色给人比较冷的感觉 |
| 年龄与色彩的关系 | 一般而言,年龄越小越爱接近红色调的色彩。儿童卧室多用红色、黄色、蓝色、白色、绿色等纯色来布置,以达到鲜明感、强烈感、装饰味强等特点。年龄越大越爱接受紫色调的色彩。老年人房间一般宜用和谐宁静的暖色调来装饰,例如黄绿色具有温柔感,能够使人心情舒畅 |
| 人的气质、性格与色彩的关系 | 一般而言,性格急躁的人多喜欢暖色、对比强烈与明快的色调;忧郁、怯弱、沉默的人多喜欢冷色、柔和、素雅的色调;活泼、热情、朝气蓬勃的人多喜欢跳跃的暖色、对比色与艳丽的色调;理智、深沉、性格内向的人多喜欢调和、稳重的色调 |

续表

| 项目 | 色彩与人的关系 |
|---|---|
| 红色色彩与性格 | 红色是代表人的征服欲与男子汉气概的颜色。喜欢红色的人是行动型的人,会积极争取想要得到的东西,对工作热情高涨 |
| 蓝色色彩与性格 | 蓝色是代表沉稳与女性气质的颜色。喜欢蓝色的人性格上沉着稳重、诚实、能够关照周围的人、与人交往彬彬有礼等 |
| 黄色色彩与性格 | 黄色是代表活泼、明快、温暖的颜色。喜欢黄色的人性格开朗外向、有远大理想、希望显示出自己的个性等 |
| 绿色色彩与性格 | 绿色是代表自信心、稳健、优越感的颜色。喜欢绿色的人比较稳重、忍耐力很强、注意与周围环境的调和等 |
| 茶色色彩与性格 | 茶色是代表家庭、温馨环境的安全感的颜色。喜欢茶色的人性格温和宽厚、有协调性、很善于处理人与人之间的关系等 |
| 紫色色彩与性格 | 紫色代表感性的、神秘的事物。喜欢紫色的人浪漫、富有感受性、性格细腻、富有个性等 |
| 灰色色彩与性格 | 灰色是代表沉静、优雅、寂寞的颜色。喜欢灰色的人多数以自我为中心、对他人不感兴趣、对他人依赖性强等 |
| 黑色色彩与性格 | 黑色是代表断绝念头、屈服、拒绝、放弃的颜色。喜欢黑色的人独立性强、有很强的改变现状的愿望、努力上进等 |

**提醒**

① 瓷砖颜色的确定,在确定装饰风格,明确颜色与人的关系后,再根据总体色调符合家人性格、健康要求,又能够彰显主人气质与审美作为瓷砖颜色选择的依据。

② 客厅单色、双色瓷砖慎选,因易单调生硬,人工痕迹多,不美观。高档瓷砖如果采用了三个颜色以上时,则颜色过渡要自然,渐变要融合,视觉要舒适、自然。

### 3.1.8 瓷砖颜色的选择

瓷砖颜色的选择要点如下。

（1）黑色瓷砖与白色瓷砖的搭配　能够让人感觉到不一样的惊艳，提升格调。另外，黑色瓷砖比较耐脏。

（2）青色的瓷砖　有点复古的味道。

（3）浅褐色的瓷砖　像泥土的颜色，能够给厨房带来田园风的清新感觉。

（4）深色与浅色瓷砖的搭配　深与浅、黑与白、深绿与浅灰等都可以搭配使用。

（5）同类色瓷砖的搭配　浅黄与深黄、黑色与灰色等都可以搭配使用。

（6）相似色瓷砖的搭配　红与紫、红与橙、黄与绿、橙与黄等都可以搭配使用。

（7）百搭色与颜色瓷砖的搭配　黑、白、金、银、灰称为百搭色。百搭色瓷砖可以与任何颜色的瓷砖进行搭配使用。

（8）对比色瓷砖的搭配　黄与紫、蓝与橙、红与绿、黑与白等都可以搭配使用。

（9）冷色与暖色瓷砖的搭配　冷暖色的关系是依靠对比，由人的自然生活经验产生的，搭配起来也有特色。

提醒

　　实际具体铺贴中，色彩的搭配应确定一种颜色为主色调，然后与另一种或几种颜色组成主次层次关系，并且分别搭配，不要各种色彩分量相等地去搭配。儿童房瓷砖选择时忌用深色系瓷砖，可以选择使用亚光瓷砖。

## 3.1.9 瓷砖形式的搭配原则

瓷砖形式的搭配原则如下。

（1）方与圆形式的搭配　方与圆形态上的搭配点缀，能够取得大面积协调效果，避免单调乏味的效果。

（2）点与面形式的搭配　点与面结合，可以避免瓷砖铺贴的简单乏味的效果。

（3）长与短形式的搭配　能产生在大同里取得差异，对比中产生变化的效果。

（4）大与小形式的搭配　能产生在面积的大小对比中追求搭配上平衡的效果。

> 形式的搭配需要追求大统一、小对比的基本原则。实际具体的搭配还需要结合周围环境、使用者的喜好等因素综合考虑。

## 3.1.10 瓷砖的保养与维护

瓷砖的保养与维护方法如下。

① 用带有少许亚麻籽油的碎布，可以擦去瓷砖上的水泥。

② 肥皂水加少量的氨水，可以把瓷砖擦得光泽亮丽。

③ 取等量的松节油、亚麻籽油调匀后，可以擦拭瓷砖上的污迹，并且能够使瓷砖保持良好的光泽度。

④ 当抛光砖表面出现轻微的划痕，可以把牙膏涂于划痕周围，用力反复擦拭，再用布把蜡油往抛光砖上均匀地涂抹，然后用干净的布擦几下，则划痕能够消除。

蜡油的配制比例为：煤油：蜡=3：1。

## 3.2 空间瓷砖的选择

### 3.2.1 客厅地砖的选择

客厅地砖的选择注意点如下。

① 选择客厅地砖时，需要根据装修风格来确定。风格确定后，才好确定瓷砖的大致颜色与基调。

② 选择客厅地砖时，需要注意考虑一些个性化需求、家庭成员结构、安全性等因素。

③ 选择客厅地砖时，注意房屋建筑模数，尽量不切砖、少切砖。

④ 客厅地砖的选择，需要根据铺贴的面积、家具的摆放来选择。

⑤ 瓷砖是耐用品，不是想换就能够轻易换下的。为此，瓷砖质量需要引起重视。

⑥ 需要考虑客厅的大小，不要盲目地追求大规格的地砖。

⑦ 客厅地砖常见规格有500mm×500mm、600mm×600mm、800mm×800mm、1000mm×1000mm等规格，其中使用最多的是600mm×600mm、800mm×800mm两种规格。单位面积中600mm×600mm规格的地砖比800mm×800mm规格的地砖铺贴数量要多，因此，视觉上能够产生空间的扩张感，并且铺贴边角时的废料率要低于800mm×800mm规格的地砖。

⑧ 客厅空间大时，铺800mm×800mm、1000mm×1000mm规

格的地砖显得大气。

⑨ 一般而言，30m² 以下的客厅，建议选择450mm×450mm规格的地砖。30m² 以上的客厅，建议选择600mm×600mm规格的地砖。

⑩ 选择客厅地砖时，需要考虑房子装修完后，摆上家具后可以看见的实际面积。如果装修完后人的可视面积很小，如果地砖的规格选择太大，则会出现不协调的效果。

⑪ 同一系列的瓷砖，规格越小，价格会越高。但是规格越小的瓷砖安装损耗相应要小一些。

⑫ 铺贴客厅地砖前，可以先出瓷砖铺贴图，以减少安装损耗与提升铺贴效果。

经验法客厅地砖的选择如图3-8所示。

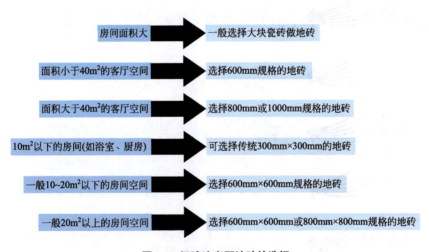

图3-8 经验法客厅地砖的选择

**提醒**

如果在房间空间中家具过多，会盖住大块地面时，则最好也选择采用600mm规格的地砖。

## 3.2.2 卫生间瓷砖的选择

卫生间在居家环境中属于一个特殊的空间，因其几乎每天都沐浴在水里，湿气重，所以卫生间中墙、地面的建材选择，非瓷砖莫属。卫生间瓷砖选择的要点如图3-9所示。

卫生间地砖的选择方法与技巧如下。

① 卫生间里的地砖，需要防滑又美观、防漏且耐脏。

② 卫生间地砖可以分为光面、亚光面两种，可以根据业主的喜好来选择。

③ 光面地砖适合面积稍小一些的、不经常进行清理的卫生间。

④ 亚光面的地砖适合面积大、经常进行清理的卫生间。

卫浴空间一般要求清新明亮。如果是小户型卫浴，则建议选择白色或浅色调的瓷砖，具有放大空间的效果

大块瓷砖具有彰显格局大气的效果。但小空间使用大块瓷砖，会产生局促压迫感

品质佳的瓷砖，往往代表着低吸水率。低吸水率的瓷砖，往往能够在沾湿过后快速干燥

可以通过看、敲、听等方法来判断

因使用环境的差异，挑选瓷砖好也应有不同的考量。墙面瓷砖需要选择防水性、抗腐蚀、抗霉变的瓷砖

图3-9 卫生间瓷砖选择的要点

⑤ 卫生间的地砖可以使用釉面砖，以亚光为主。最常用的釉面地砖规格有300mm×400mm、300mm×300mm、250mm×330mm等。具体用哪种规格，需要根据卫生间的大小来确定。

⑥ 卫生间也可以使用仿古砖（玻化砖），以前经常用在公共卫

生间。

⑦ 卫浴空间面积通常为 2～4m²，一般选择墙面砖会有配套的地砖。因此，选择配套的地砖与墙面砖配合使用，以达到整体和谐的效果。

⑧ 如果卫生间面积不大，则可以选择 250mm×330mm 墙砖配合 330mm×330mm 的地砖。

**提醒**

卫生间空间相比居室空间要小，转角也多，因此卫生间一般不使用太大规格的地砖，以免地砖太大需要切割，造成浪费。

# 第4章

## 各类瓷砖具体学

### 4.1 陶瓷砖

#### 4.1.1 陶瓷砖的定义与分类

陶瓷砖的定义与分类如图4-1所示。

| 按吸水率($E$)分类 | | 低吸水率（Ⅰ类） | | 中吸水率（Ⅱ类） | | 高吸水率（Ⅲ类） | | 陶瓷砖分类及代号 |
|---|---|---|---|---|---|---|---|---|
| | | $E \leq 0.5\%$（瓷质砖） | $0.5\% < E \leq 3\%$（炻瓷砖） | $3\% < E \leq 6\%$（细炻砖） | $6\% < E \leq 10\%$（炻质砖） | $E > 10\%$（陶质砖） | | |
| 按成形方法分类 | 挤压砖(A) | AⅠa类 | AⅠb类 | AⅡa类 | AⅡb类 | AⅢ类 | | |
| | | 精细 \| 普通 | 精细 \| 普通 | 精细 \| 普通 | 精细 \| 普通 | 精细 \| 普通 | | |
| | 干压砖(B) | BⅠa类 | BⅠb类 | BⅡa类 | BⅡb类 | BⅢ类* | | |
| *BⅢ类仅包括有釉砖 | | | | | | | | |

陶瓷砖是由黏土、长石和石英为主要原料制造的用于覆盖墙面和地面的板状或块状建筑陶瓷制品

图4-1 陶瓷砖的定义与分类

#### 4.1.2 陶瓷砖的尺寸描述

陶瓷砖的尺寸描述如图4-2所示。

# 第4章 各类瓷砖具体学

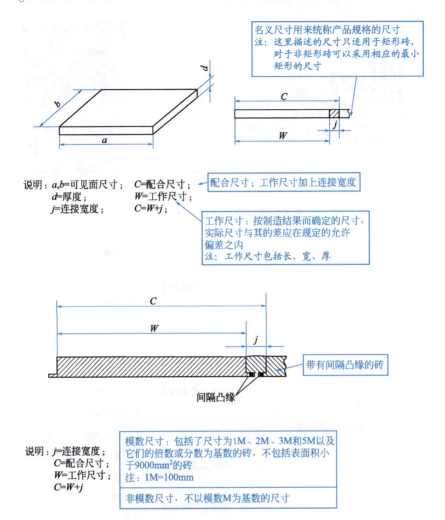

图4-2 陶瓷砖的尺寸描述

## 4.1.3 陶瓷砖的标识与说明要求

陶瓷砖的标识与说明要求如图4-3所示。

## 4.1.4 室内外陶瓷墙地砖的分类

室内外陶瓷墙地砖的分类如图4-4所示。

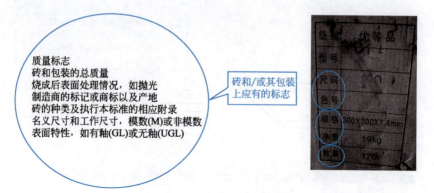

图4-3 陶瓷砖的标识与说明要求

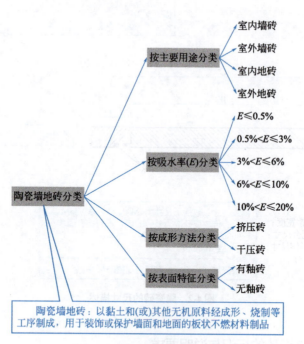

图4-4 室内外陶瓷墙地砖的分类

## 4.1.5 室内外陶瓷墙地砖的一般要求

室内外陶瓷墙地砖的一般要求如图4-5所示。

陶瓷墙地砖的一般要求
- 陶瓷墙地砖背面影响黏结强度的残留物和污染物应预先清理
- 室外陶瓷墙地砖应采用水泥基胶黏剂粘贴
- 室外陶瓷墙地砖接缝，干压砖应不小于5mm，挤压砖应不小于6mm
- 室内陶瓷墙地砖接缝：干压砖墙面不宜小于2mm，地面不宜小于3mm；挤压砖墙地面均不宜小于6mm

图4-5 室内外陶瓷墙地砖一般要求

## 4.1.6 室内外陶瓷墙地砖厚度允许偏差

室内外陶瓷墙地砖厚度允许偏差见表4-1。

表4-1 室内外陶瓷墙地砖厚度允许偏差

| 用途 | 允许偏差/mm | |
|---|---|---|
| | 挤压 | 干压 |
| 室外墙砖<br>室外地砖 | 不大于厚度的10%，且≤±1.2 | 不大于厚度的5%，且≤±0.5 |
| 室内墙砖<br>室内地砖 | ≤±0.5<br>≤±1.0 | 不大于厚度的5%，且≤±0.5 |

注：厚度≤6.0mm的陶瓷墙地砖厚度允许偏差不大于厚度的10%，且≤±0.5mm。

## 4.1.7 室内外陶瓷墙地砖长度与宽度允许偏差

室内外陶瓷墙地砖长度与宽度允许偏差见表4-2。

表4-2 室内外陶瓷墙地砖长度与宽度允许偏差　　　　单位：mm

| 用途 | 陶瓷墙地砖的工作尺寸W | | | | | | | | | | | | | | | |
|---|---|---|---|---|---|---|---|---|---|---|---|---|---|---|---|---|
| | 70≤W<150 | | 150≤W<200 | | 200≤W<250 | | 250≤W<300 | | 300≤W<450 | | 450≤W<600 | | W≥600 | |
| | 挤压 | 干压 | 挤压 | 干压 | 挤压 | 干压 | 挤压 | 干压 | 挤压 | 干压 | 挤压 | 干压 | 挤压 | 干压 |
| 室外墙地砖 | ±1.4 | ±0.9 | ±2.0 | ±0.9 | ±2.4 | ±1.2 | ±2.4 | ±1.5 | ±2.4 | ±1.8 | ±2.8 | ±2.0 | ±2.8 | ±2.0 |

续表

| 用途 | 陶瓷墙地砖的工作尺寸 $W$ | | | | | | | | | | | | | | | | | |
|---|---|---|---|---|---|---|---|---|---|---|---|---|---|---|---|---|---|---|
| | 70≤W<150 | | 150≤W<200 | | 200≤W<250 | | 250≤W<300 | | 300≤W<450 | | 450≤W<600 | | W≥600 | | | | | |
| | 挤压 | 干压 | 挤压 | 干压 | 挤压 | 干压 | 挤压 | 干压 | 挤压 | 干压 | 挤压 | 干压 | 挤压 | 干压 | | | | |
| 室内墙地砖 | ±0.8 | ±0.8 | ±1.0 | ±0.9 | ±1.2 | ±1.2 | ±1.4 | ±1.4 | ±1.4 | ±1.4 | ±1.6 | ±1.6 | ±2.0 | ±2.0 | | | | |

注：在选择工作尺寸时，需要考虑陶瓷墙地砖的接缝宽度。

### 4.1.8　室内外陶瓷墙地砖直角度允许偏差

室内外陶瓷墙地砖直角度允许偏差见表4-3。

表4-3　室内外陶瓷墙地砖直角度允许偏差　　　　单位：mm

| 用途 | 陶瓷墙地砖的工作尺寸 $W$ | | | | | | | | | | | | | |
|---|---|---|---|---|---|---|---|---|---|---|---|---|---|---|
| | 70≤W<150 | | 150≤W<200 | | 200≤W<250 | | 250≤W<300 | | 300≤W<450 | | 450≤W<600 | | W≥600 | |
| | 挤压 | 干压 | 挤压 | 干压 | 挤压 | 干压 | 挤压 | 干压 | 挤压 | 干压 | 挤压 | 干压 | 挤压 | 干压 |
| 室外墙地砖 | ±0.7 | ±0.7 | ±1.5 | ±0.8 | ±2.0 | ±1.0 | ±2.4 | ±1.2 | ±2.4 | ±1.4 | ±2.8 | ±2.0 | ±2.8 | ±2.0 |
| 室内墙地砖 | ±0.7 | ±0.7 | ±1.0 | ±0.8 | ±1.2 | ±1.0 | ±1.4 | ±1.2 | ±1.4 | ±1.4 | ±1.6 | ±1.5 | ±2.0 | ±2.0 |

### 4.1.9　室内外陶瓷墙地砖表面平整度允许偏差

室内外陶瓷墙地砖表面平整度允许偏差见表4-4。

表 4-4　室内外陶瓷墙地砖表面平整度允许偏差　　单位：mm

| 用途 | 项目 | 70≤W<150 | | 150≤W<200 | | 200≤W<250 | | 250≤W<300 | | 300≤W<450 | | 450≤W<600 | | W≥600 | |
|---|---|---|---|---|---|---|---|---|---|---|---|---|---|---|---|
| | | 挤压 | 干压 | 挤压 | 干压 | 挤压 | 干压 | 挤压 | 干压 | 挤压 | 干压 | 挤压 | 干压 | 挤压 | 干压 |
| 室外墙地砖 | 中心弯曲度 | ±0.9 | ±0.7 | ±1.2 | ±0.7 | ±1.5 | ±1.0 | ±1.5 | ±1.2 | ±1.8 | ±1.5 | ±1.8 | ±1.8 | ±1.8 | ±1.8 |
| 室外墙地砖 | 边弯曲度 | ±0.9 | ±0.7 | ±1.2 | ±0.7 | ±1.5 | ±1.0 | ±1.5 | ±1.2 | ±1.8 | ±1.5 | ±1.8 | ±1.8 | ±1.8 | ±1.8 |
| | 翘曲度 | ±0.7 | ±0.7 | ±1.0 | ±0.7 | ±1.2 | ±1.0 | ±1.2 | ±1.2 | ±1.4 | ±1.4 | ±1.4 | ±1.4 | ±1.4 | ±1.4 |
| 室内墙地砖 | 中心弯曲度 | ±0.6 | ±0.6 | ±0.8 | ±0.7 | ±1.0 | ±1.0 | ±1.0 | ±1.0 | ±1.2 | ±1.2 | ±1.2 | ±1.2 | ±1.2 | ±1.2 |
| 室内墙地砖 | 边弯曲度 | ±0.6 | ±0.6 | ±0.8 | ±0.7 | ±1.0 | ±1.0 | ±1.0 | ±1.0 | ±1.2 | ±1.2 | ±1.2 | ±1.2 | ±1.2 | ±1.2 |
| | 翘曲度 | ±0.5 | ±0.5 | ±0.6 | ±0.6 | ±0.8 | ±0.8 | ±0.8 | ±1.0 | ±1.0 | ±1.0 | ±1.0 | ±1.0 | ±1.0 | ±1.0 |

## 4.1.10　外墙陶瓷砖背纹尺寸

外墙陶瓷砖背纹尺寸见表4-5。

表 4-5　外墙陶瓷砖背纹尺寸

| 项目 | | 要求 |
|---|---|---|
| 背纹高度（$h$） | 49cm²≤砖表面面积（$A$）<60cm² | 0.7mm≤$h$≤3.5mm |
| | 砖表面面积（$A$）≥60cm² | 1.5mm≤$h$≤3.5mm |
| 背纹长度<br>（$L_0$、$L_1$、$L_2$、$L_3$） | 样式一 | $L_0-L_1>0$ |
| | 样式二 | $L_0-L_2>0$ |
| | 样式三 | $L_0-L_3>0$ |

续表

| 项目 | 要求 |
|---|---|

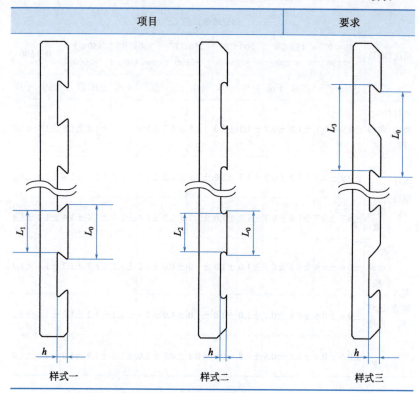

### 4.1.11 室内外陶瓷墙地砖吸水率要求

室内外陶瓷墙地砖吸水率要求见表4-6。

表4-6 室内外陶瓷墙地砖吸水率要求

| 用途 | 吸水率（$E$） | 适用气候区 | | |
|---|---|---|---|---|
| | | Ⅰ、Ⅵ、Ⅶ | Ⅱ | Ⅲ、Ⅳ、Ⅴ |
| 室外墙砖 | $E \leqslant 0.5\%$ | 允许 | 允许 | 允许 |
| | $0.5\% < E \leqslant 3\%$ | 允许 | 允许 | 允许 |
| | $3\% < E \leqslant 6\%$ | 不允许 | 允许 | 允许 |
| | $6\% < E \leqslant 10\%$ | 不允许 | 不允许 | 不宜 |
| | $10\% < E \leqslant 20\%$ | 不允许 | 不允许 | 不允许 |

续表

| 用途 | 吸水率（E） | 适用气候区 | | |
|---|---|---|---|---|
| | | Ⅰ、Ⅵ、Ⅶ | Ⅱ | Ⅲ、Ⅳ、Ⅴ |
| 室外地砖 | $E \leqslant 0.5\%$ | 允许 | 允许 | 允许 |
| | $0.5\% < E \leqslant 3\%$ | 允许 | 允许 | 允许 |
| | $3\% < E \leqslant 6\%$ | 不允许 | 允许 | 允许 |
| | $6\% < E \leqslant 10\%$ | 不允许 | 不允许 | 不宜 |
| | $10\% < E \leqslant 20\%$ | 不允许 | 不允许 | 不允许 |
| 室内地砖 | $E \leqslant 0.5\%$ | 允许 | 允许 | 允许 |
| | $0.5\% < E \leqslant 3\%$ | 允许 | 允许 | 允许 |
| | $3\% < E \leqslant 6\%$ | 允许 | 允许 | 允许 |
| | $6\% < E \leqslant 10\%$ | 允许 | 允许 | 允许 |
| | $10\% < E \leqslant 20\%$ | 不宜 | 不宜 | 不宜 |
| 室内墙砖 | $E \leqslant 0.5\%$ | 允许 | 允许 | 允许 |
| | $0.5\% < E \leqslant 3\%$ | 允许 | 允许 | 允许 |
| | $3\% < E \leqslant 6\%$ | 允许 | 允许 | 允许 |
| | $6\% < E \leqslant 10\%$ | 允许 | 允许 | 允许 |
| | $10\% < E \leqslant 20\%$ | 允许 | 允许 | 允许 |

注：1. 气候区划分按 GB 50178 中区划的Ⅰ～Ⅶ区执行。
2. 在Ⅲ、Ⅳ、Ⅴ区中冰冻期在一个月以上的地区的吸水率按Ⅱ区执行。

## 4.1.12　室内外陶瓷墙地砖抗冻性要求

室内外陶瓷墙地砖抗冻性要求见表 4-7。

表 4-7　室内外陶瓷墙地砖抗冻性要求

| 气候分区 | 冻融循环次数 |
|---|---|
| Ⅱ | ≥40 |
| Ⅰ、Ⅵ、Ⅶ | ≥50 |
| Ⅲ、Ⅳ、Ⅴ区中冰冻期在1个月以上的地区 | ≥40 |

注：低温环境温度采用（-30±2）℃保持 2h 后放入不低于 10℃的清水中融化 2h 为一个循环。

### 4.1.13 室内外陶瓷墙地砖破坏强度要求

室内外陶瓷墙地砖破坏强度要求见表4-8。

表4-8 室内外陶瓷墙地砖破坏强度要求

| 用途 | 破坏强度/N |
| --- | --- |
| 室内墙砖 | ≥350 |
| 室内地砖 | ≥600 |
| 室外墙砖 | ≥700 |
| 室外地砖 | ≥1100 |

注：厚度≤6.0mm的室外用薄型墙砖，当390N≤破坏强度＜700N时，可允许用于基层平整度≤3mm/2m的场合。

### 4.1.14 室内外陶瓷墙地砖断裂模数要求

室内外陶瓷墙地砖断裂模数要求见表4-9。

表4-9 室内外陶瓷墙地砖断裂模数要求

| 用途 | 断裂模数平均值/MPa |
| --- | --- |
| 室外墙砖 | ≥18 |
| 室外地砖 | ≥23 |
| 室内墙砖 | ≥15 |
| 室内地砖 | ≥18 |

### 4.1.15 室内外陶瓷墙地砖边直度允许偏差

室内外陶瓷墙地砖边直度允许偏差见表4-10。

表4-10 室内外陶瓷墙地砖边直度允许偏差　　　　单位：mm

| 用途 | 陶瓷墙地砖的工作尺寸W | | | | | | | | | | | | | | | | |
| --- | --- | --- | --- | --- | --- | --- | --- | --- | --- | --- | --- | --- | --- | --- | --- | --- | --- |
| | 70≤W<150 | | 150≤W<200 | | 200≤W<250 | | 250≤W<300 | | 300≤W<450 | | 450≤W<600 | | W≥600 | |
| | 挤压 | 干压 | 挤压 | 干压 | 挤压 | 干压 | 挤压 | 干压 | 挤压 | 干压 | 挤压 | 干压 | 挤压 | 干压 |
| 室外墙地砖 | ±0.7 | ±0.7 | ±1.5 | ±0.7 | ±2.0 | ±1.0 | ±2.4 | ±1.2 | ±2.4 | ±1.4 | ±2.8 | ±1.5 | ±2.8 | ±1.5 |

续表

| 用途 | 陶瓷墙地砖的工作尺寸$W$ | | | | | | | | | | | | | |
|---|---|---|---|---|---|---|---|---|---|---|---|---|---|---|
| | $70 \leqslant W < 150$ | | $150 \leqslant W < 200$ | | $200 \leqslant W < 250$ | | $250 \leqslant W < 300$ | | $300 \leqslant W < 450$ | | $450 \leqslant W < 600$ | | $W \geqslant 600$ | |
| | 挤压 | 干压 | 挤压 | 干压 | 挤压 | 干压 | 挤压 | 干压 | 挤压 | 干压 | 挤压 | 干压 | 挤压 | 干压 |
| 室内墙地砖 | ±0.7 | ±0.7 | ±1.0 | ±0.7 | ±1.2 | ±1.0 | ±1.4 | ±1.2 | ±1.4 | ±1.4 | ±1.6 | ±1.5 | ±2.0 | ±1.5 |

## 4.1.16　室内外陶瓷墙地砖黏结性要求

室内外陶瓷墙地砖黏结性要求如图4-6所示。

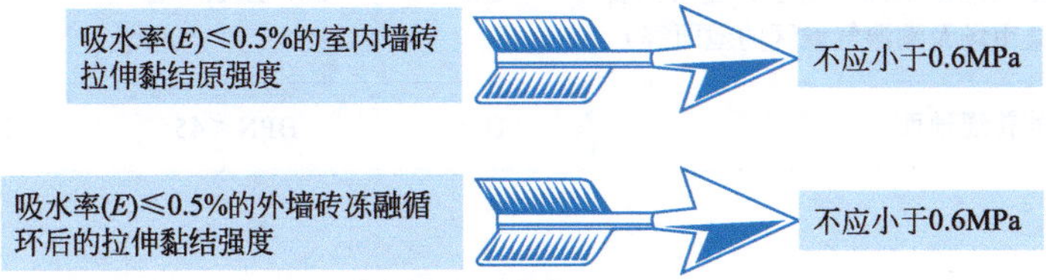


**图4-6　室内外陶瓷墙地砖黏结性要求**

## 4.1.17　室内外陶瓷地砖防滑性要求

室内外陶瓷地砖防滑性要求见表4-11。

**表4-11　室内外陶瓷地砖防滑性要求**

| 用途 | 防滑等级 | 摩擦系数COF（干态） | 防滑安全程度 |
|---|---|---|---|
| 站台、踏步及防滑坡道等 | Ad | COF≥0.70 | 高 |
| 室内游泳池、厕浴室、建筑出入口等 | Bd | 0.70>COF≥0.60 | 中高 |
| 大厅、候机厅、候车厅、走廊、餐厅、通道、电梯廊、门厅、室内平面防滑地面及工作场所、生产车间等 | Cd | 0.60>COF≥0.50 | 中 |
| 室内普通地面 | Dd | 0.50>COF≥0.40 | 低 |

续表

| 用途 | 防滑等级 | 防滑性能BPN（湿态） | 防滑安全程度 |
| --- | --- | --- | --- |
| 坡道、无障碍步道等 | Aw | BPN≥80 | 高 |
| 楼梯踏步等 | | | |
| 公交、地铁站台等 | | | |
| 建筑出口平台 | Bw | 80＞BPN≥60 | 中高 |
| 人行道干道、步行街、广场等 | | | |
| 人行道支干道、小区道路、绿化道路及室内潮湿地面（厨卫、超市肉食部、菜市场及潮湿气候区的地面等） | Cw | 60＞BPN≥45 | 中 |
| 室外普通地面 | Dw | BPN＜45 | 低 |

## 4.2 薄型陶瓷砖

### 4.2.1 薄型陶瓷砖的分类

薄型陶瓷砖的分类如图4-7所示。

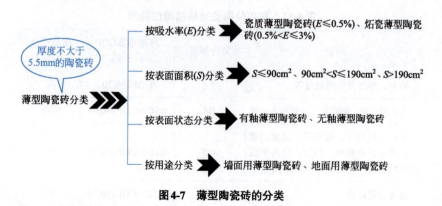

图4-7 薄型陶瓷砖的分类

## 4.2.2 薄型陶瓷砖的标识与说明要求

薄型陶瓷砖的标识与说明要求如图 4-8 所示。

图 4-8　薄型陶瓷砖的标识与说明要求

## 4.3　陶瓷马赛克

### 4.3.1　陶瓷马赛克的术语与定义

陶瓷马赛克的术语与定义见表 4-12。

表 4-12　陶瓷马赛克的术语与定义

| 术语 | 定义 |
| --- | --- |
| 陶瓷马赛克 | 可拼贴成联的或可单独铺贴的小规格陶瓷砖 |
| 辅贴衬材 | 为了便于铺贴，粘贴在砖背面的板状、网状或其他类似形状的辅助材料 |
| 线路 | 一联砖内行间、列间的空隙 |
| 联长 | 每联砖的边长 |
| 表贴 | 在砖表面粘贴铺贴衬材，施工完成后应取掉该衬材 |
| 背贴 | 在砖背面粘贴铺贴衬材，施工时应嵌埋该衬材 |

### 4.3.2 陶瓷马赛克的分类与应用

陶瓷马赛克的分类与应用如图4-9所示。

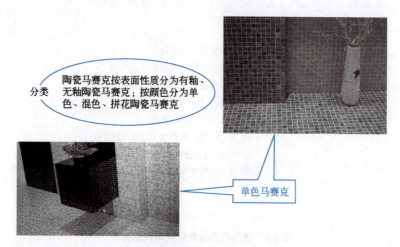

图4-9 陶瓷马赛克的分类与应用

### 4.3.3 陶瓷马赛克的尺寸允许偏差

陶瓷马赛克的尺寸允许偏差见表4-13。

表4-13 陶瓷马赛克的尺寸允许偏差

| 项目 | 陶瓷马赛克尺寸的允许偏差 | |
|---|---|---|
| | 优等品 | 合格品 |
| 边长/mm | ±0.5 | ±1.0 |
| 厚度/% | ±5 | ±5 |
| 项目 | 陶瓷马赛克的线路、联长的允许偏差 | |
| | 优等品 | 合格品 |
| 线路/mm | ±0.6 | ±1.0 |
| 联长/mm | ±1.0 | ±2.0 |

注：特殊要求由供需双方商定。

### 4.3.4 陶瓷马赛克的外观质量要求

陶瓷马赛克的外观质量要求见表4-14。

表4-14 陶瓷马赛克的外观质量要求　　　　　单位：mm

| 名称 | 表示方法 | 缺陷允许范围 | | | | 要求 |
|---|---|---|---|---|---|---|
| | | 优等品 | | 合格品 | | |
| | | 正面 | 背面 | 正面 | 背面 | |
| 夹层、釉裂、开裂 | — | 不允许 | | | | — |
| 斑点、粘疤、起泡、坯粉、麻面、波纹、缺釉、桔釉、棕眼、落脏、溶洞 | — | 不明显 | | 不严重 | | — |
| 变形 | 翘曲 | 不明显 | | | | — |
| | 大小头 | 0.6 | | 0.8 | | |
| 缺角 | 斜边长 | <1.0 | <2.0 | 2.0～3.5 | 4.0～5.5 | 正背面缺角不允许在同一角部。正面只允许缺角1处 |
| | 深度 | 不大于砖厚的2/3 | | | | |
| 缺边 | 长度 | <2.0 | <4.0 | 3.0～5.0 | 6.0～8.0 | 正背面缺边不允许出现在同一侧面、同一侧面边不允许有2处缺边；正面只允许2处缺边 |
| | 宽度 | <1.0 | <2.0 | 1.5～2.0 | 2.5～3.0 | |
| | 深度 | <1.5 | <2.5 | 1.5～2.0 | 2.5～3.0 | |

### 4.3.5 陶瓷马赛克的吸水率与耐磨性要求

陶瓷马赛克的吸水率与耐磨性要求如图4-10所示。

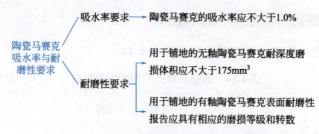

图4-10　陶瓷马赛克的吸水率与耐磨性要求

## 4.4　轻质陶瓷砖

### 4.4.1　轻质陶瓷砖的分类

轻质陶瓷砖的分类如图4-11所示。

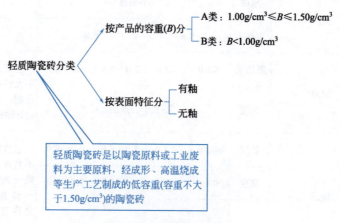

图4-11　轻质陶瓷砖的分类

### 4.4.2　轻质陶瓷砖的尺寸允许偏差

轻质陶瓷砖的尺寸允许偏差见表4-15。

表4-15 轻质陶瓷砖的尺寸允许偏差

| 轻质陶瓷砖尺寸类别 | | 轻质陶瓷砖上表面积$S$/cm² | | | |
|---|---|---|---|---|---|
| | | $S\leqslant190$ | $190<S\leqslant410$ | $410<S\leqslant1600$ | $S>1600$ |
| 长度和宽度 | 每块砖（2条或4条边）的平均尺寸相对于工作尺寸（$W$）的允许偏差/% | ±0.8 | ±0.6 | ±0.5 | ±0.4 |
| | 每块砖（2条或4条边）的平均尺寸相对于10块砖（20条或40条边）平均尺寸的允许偏差/% | ±0.4 | ±0.4 | ±0.4 | ±0.3 |
| | 轻质陶瓷砖制造商应选用以下尺寸：<br>（1）模数砖名义尺寸连接宽度允许在2～5mm之间；<br>（2）非模数砖工作尺寸与名义尺寸间的偏差不大于±2%，最大5mm | | | | |
| 表面平整度[a]最大允许偏差 | 相对于由工作尺寸计算的对角线的中心弯曲度/% | -0.3，+0.5 | | | |
| | 相对于工作尺寸的边弯曲度/% | -0.3，+0.5 | | | |
| | 相对于由工作尺寸计算的对角线的翘曲度/% | -0.3，+0.5 | | | |
| | 边长大于600mm的砖，表面平整度用上凸和下凹表示，其最大偏差不超过2.0mm | | | | |
| 厚度 | 每块砖厚度的平均值相对于工作尺寸的允许偏差/% | ±10 | | | |
| 直角度[b]相对于工作尺寸的最大允许偏差/% | | ±0.6 | ±0.6 | ±0.6 | ±0.5 |
| | | 边长$L>600$mm的砖，直角度用大小头和对角线的偏差表示，最大偏差≤2.0mm | | | |
| 边直度[b]（正面）相对于工作尺寸的最大允许偏差/% | | ±0.5 | ±0.5 | ±0.5 | ±0.3 |

a. 不适用于轻质陶瓷砖表面有意制造的不平整效果。
b. 不适用于有弯曲形状的砖。
注：轻质陶瓷砖的表面有意制造不平整效果时应测量轻质陶瓷砖底面。

## 4.5 有釉地砖与无釉地砖

### 4.5.1 有釉地砖耐磨性等级

有釉地砖耐磨性等级分类如图 4-12 所示。

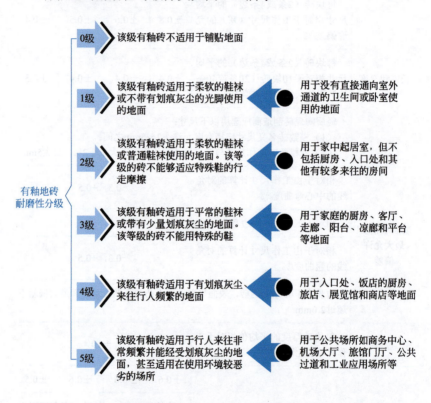

图 4-12 有釉地砖耐磨性等级分类

### 4.5.2 有釉地砖可见磨损的研磨转数的要求

有釉地砖可见磨损的研磨转数的要求见表 4-16。

表4-16 有釉地砖可见磨损的研磨转数的要求

| 等级A～D可见磨损的研磨转数 | | |
| --- | --- | --- |
| 用途 | 等级 | 可见磨损的研磨转数/转 |
| 住宅等人流不多的室内地面 | A | ≥600 |
| 住宅小区等人流不多的室外地面 | B | ≥1500 |
| 写字楼等人流较多的室内地面 | C | ≥2100 |
| 商场、超市等一般公共场所地面 | C | ≥6000 |
| 等级0～5可见磨损的研磨转数 | | |
| 级别 | | 可见磨损的研磨转数 |
| 0 | | 100 |
| 1 | | 150 |
| 2 | | 600 |
| 3 | | 750，1500 |
| 4 | | 2100，6000，12000 |
| 5 | | >12000 |

### 4.5.3 釉面砖的规格

釉面砖的规格如图4-13所示。

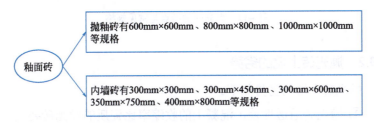

图4-13 釉面砖的规格

### 4.5.4 无釉地砖耐磨性等级

无釉地砖耐磨性等级分类见表4-17。

表4-17 无釉地砖耐磨性等级分类

| 用途 | 等级 | 磨损体积/$mm^3$ |
| --- | --- | --- |
| 住宅等人流不多的室内地面 | A | ≤540 |
| 住宅小区等人流不多的室外地面 | B | ≤345 |

续表

| 用途 | 等级 | 磨损体积/mm³ |
|---|---|---|
| 写字楼等人流较多的室内外地面 | C | ≤275 |
| 商场、超市等一般公共场所地面 | D | ≤175 |

## 4.6 抛光砖与防静电陶瓷砖

### 4.6.1 抛光砖的特点与常见规格

抛光砖的特点与常见规格如图4-14所示。

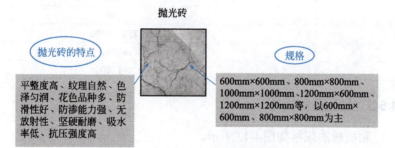

图4-14 抛光砖的特点与常见规格

### 4.6.2 抛光砖上墙的劣势

抛光砖上墙的劣势如下。

① 抛光砖通透性差，混凝土的收缩率比瓷质的抛光砖要大一倍以上，二者不协调，铺贴后容易空鼓、崩离。

② 抛光砖吸水率高，影响铺贴。

③ 出厂时抛光砖带有防污剂，会影响粘贴。

④ 密度高影响铺贴。

⑤ 施工成本高。

### 4.6.3 防静电陶瓷砖的定义与防静电性能要求

防静电陶瓷砖的定义与防静电性能要求如图4-15所示。

第4章　各类瓷砖具体学

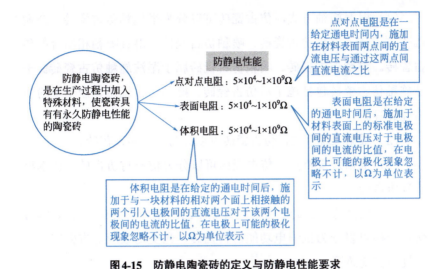

图4-15　防静电陶瓷砖的定义与防静电性能要求

## 4.7　仿古瓷砖

### 4.7.1　仿古瓷砖概述

仿古瓷砖又叫作仿古砖、泛古砖、古典砖、复古砖等。仿古砖就是在烧制过程中将釉质上的砖面上做一些怀旧的形式，是具有复古特色的一种普通瓷砖。

其实，仿古瓷砖是从釉面砖演化而来的，也就是通过工艺、图案、釉料颜色等，使瓷砖表面具有仿古的效果。仿古瓷砖与普通釉面砖相比，其具有历史厚重、沧桑岁月的古典感。因此，平时讲的仿古瓷砖一般是指有釉装饰砖，也就是釉面砖。釉面砖坯体主流是瓷质的，也有炻瓷的、细炻的、炻质的。仿古瓷砖釉以亚光的为主，色调以暗红色、土色、黄色、咖啡色、灰色、灰黑色等为主。随着仿古瓷砖的发展，通体仿古瓷砖也越来越普及。仿古瓷砖的分类如下。

（1）根据施釉方式，仿古瓷砖可以分为半抛釉仿古瓷砖、全抛釉仿古瓷砖、淋釉仿古瓷砖、喷釉仿古瓷砖、淋釉喷釉相结合的仿古瓷砖。淋釉仿古瓷砖、喷釉仿古瓷砖属于湿法施釉仿古瓷砖。干法施釉仿古瓷砖包括施干粒仿古瓷砖、擦釉仿古瓷砖、撒干釉粉仿古瓷砖等。

（2）根据表现手法，仿古瓷砖可以分为单色砖、花砖。

（3）根据效果特点，仿古瓷砖可以分为仿石材仿古砖、仿木材肌理仿古砖。

（4）根据仿古瓷砖从普通瓷砖派生出的系列所具有的特殊功能，仿古瓷砖可以分为抗静电功能仿古瓷砖、光变幻效应仿古瓷砖、防滑性仿古瓷砖等。

（5）根据仿古瓷砖表面平整度，仿古瓷砖可以分为平面仿古瓷砖、小凹凸面仿古瓷砖等。

（6）根据仿古瓷砖图案，仿古瓷砖可以分为仿几何图案仿古瓷砖、仿纺织物仿古瓷砖、仿植物花草仿古瓷砖、仿墙纸仿古瓷砖、仿金属仿古瓷砖等，其中以仿石材、仿木、仿皮革等为主。

（7）根据仿古瓷砖烧成后的图案，仿古瓷砖可以分为柔抛仿古瓷砖、半抛仿古瓷砖、全抛仿古瓷砖。

（8）根据仿古瓷砖的规格，仿古瓷砖可以分为300mm×300mm、400mm×400mm、500mm×500mm、600mm×600mm、300mm×600mm、800mm×800mm等规格。

（9）根据仿古瓷砖的应用范围，仿古瓷砖可以分为地砖、墙砖、墙地一体化砖。

（10）根据仿古瓷砖的色彩，仿古瓷砖可以分为自然色彩仿古瓷砖、单色仿古瓷砖、复合色仿古瓷砖。其中，仿古瓷砖自然色彩主要取自于天空、土地、大海等的颜色。

仿古瓷砖主要用于建筑物室内、外装饰用。仿古瓷砖的图例如

图4-16所示。仿古砖的优、缺点见图4-17。

图4-16　仿古瓷砖的图例

仿古砖的优点
防滑性好
色彩丰富
复古性好
纹理设计好，一般不会过时
尺寸小，可以再做拼花及各种造型
表面有一层厚厚的釉，防污能力较好

仿古砖的缺点
尺寸较小
亮度不如抛光砖好
吸水率较抛光砖要高
仿天然石材效果不如抛光砖
硬度不如抛光砖硬
表面有一层釉面，不易做倒角、磨边等深加工处理

图4-17　仿古砖的优、缺点

### 4.7.2 仿古砖在家装中的空间应用

仿古砖在家装中的空间应用如下。

（1）玄关　玄关空间虽小，但是该空间是进入室内的"第一眼"，因此，考虑时应重视。若采用仿古砖，能够增添文化氛围。

（2）客厅　若是客厅与餐厅连在一起的情况，一般抛光砖用量比仿古砖大。抛光砖在该空间占主要位置，仿古砖为抛光砖的补充，或者为弥补空间艺术感而采用。

（3）电视墙　因仿古砖对声光反射没有抛光砖严重，因此，电视墙用仿古砖比用抛光砖有优势。

（4）沙发背景墙　可以采用用水刀雕刻出来的诗词歌赋等图案的仿古砖，比用抛光砖带来的岁月感更浓。

（5）书房　利用仿古砖颜色的质朴，能够反衬出装修的高雅。

（6）卧室与衣帽间　用仿古砖取代木地板，逐步成为一种潮流。

（7）厨房　厨房使用仿古砖量可大一些，但是受厨房空间的限制与要求，该空间对仿古砖的基本要求就是易清洁。

（8）洗手间　洗手间选择瓷片、抛光砖、仿古砖均可以。仿古砖的应用更能够增加洗手间的艺术氛围。

（9）阳台　阳台仿古砖用量逐步增大，在阳台上采用仿古砖也逐渐被大家认可。

### 4.7.3 仿古砖与抛光砖的区别

仿古砖与抛光砖的区别如图4-18所示。

### 4.7.4 仿古砖与抛釉砖的区别

仿古砖与抛釉砖的区别如图4-19所示。

## 第4章 各类瓷砖具体学

| 实用角度 | ➤➤ | 如果应用于公共场合，因人流大使用频率高，抛光砖一般2~3年会看起来暗淡，仿古砖则会与刚铺贴时的效果差不多。仿古砖铺贴具有个性化，抛光砖几乎做不到个性化 |
| 光滑程度 | ➤➤ | 一般而言，抛光砖几乎解决不了防滑性。仿古砖可以解决防滑性 |
| 光污染 | ➤➤ | 一般而言，仿古砖是亚光的，几乎无光污染问题。抛光砖则存在光污染问题 |
| 防污 | ➤➤ | 一般而言，使用2~3年后的抛光砖，表面会吸污严重，使用大约5年后，有的抛光砖需要重新铺贴。仿古砖几乎没有吸污问题 |
| 品种花色 | ➤➤ | 一般而言，抛光砖没有仿古砖那么多的品种与花色 |

图4-18 仿古砖与抛光砖的区别

| 装饰风格 | ➤➤ | 仿古砖表面没有过高的光泽度，适用于一些个性化家装、咖啡馆、仿古建筑等。全抛釉光泽度较好、质感精美，适用于一些华丽的酒店、会馆等 |
| 花色质感 | ➤➤ | 仿古瓷砖花色质感厚重，能够给人一种回归自然的感觉，具有复古的气息。光泽度高的抛釉砖花色纹理逼真，能够给人一种豪华大气的感觉 |
| 光泽度 | ➤➤ | 仿古砖的光泽度不是很高，对光的折射不强，因此适用于卫生间、厨房、过道等空间。抛釉砖表面平滑光亮，在灯光的映射下能够显得闪亮、豪华，因此适用于现代装修风格 |
| 规格 | ➤➤ | 仿古砖尺寸规格较小，比较适合小规模面积使用。抛釉砖尺寸规格较大，一般用于客厅等大面积的铺贴 |

图4-19 仿古砖与抛釉砖的区别

### 4.7.5 仿古砖的选择

仿古砖的选择方法如图4-20所示。

**提醒**

仿古砖的选择重点在于搭配。

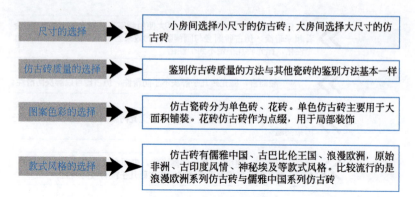

图 4-20　仿古砖的选择方法

## 4.7.6　仿古砖配件——角花、波打线、转角、花砖

仿古砖应用得好不好，关键在于搭配，在搭配过程中应注意仿古砖配件的配套。仿古砖的配件包括角花、波打线、转角和花砖。

仿古砖配件中的角花常见的规格有65mm×65mm、73mm×73mm等。转角常见的规格有145mm×145mm、120mm×120mm等。波打线常见的规格有600mm×145mm、500mm×120mm等。圆角仿古砖配件的专用圆角花砖常见的规格有600mm×600mm、500mm×500mm等。

仿古砖配件如图4-21所示。

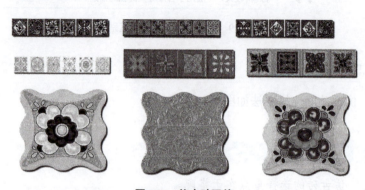

图 4-21　仿古砖配件

花砖就是具有花色、花纹的瓷砖，利用花砖点缀，可以打破空间的单调。花砖的应用如图4-22所示。

图4-22　花砖的应用

> 瓷砖属于易碎商品，一般建议预留5%～7%的工程与运输损耗。

### 4.7.7　现代仿古砖与仿古砖的区别

目前，现代仿古砖概念较模糊，没有严格意义。有的认为现代仿古砖属于仿古砖的品类。有的现代仿古砖与仿古砖具有相同的仿古特点。不过，现代仿古砖与仿古砖在规格、生产工艺上有很大的差别。现代仿古砖与仿古砖一般都是亚光的。

现代仿古砖与仿古砖的关系如图4-23所示。现代仿古砖具有设计感强、有品位等特点。现代仿古砖如图4-24所示。

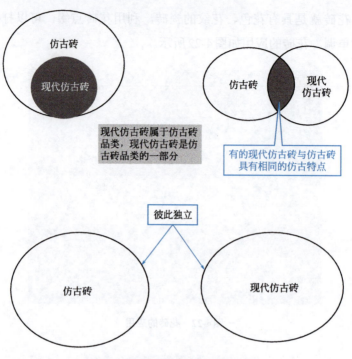

图4-23 现代仿古砖与仿古砖的关系

# 第4章 各类瓷砖具体学

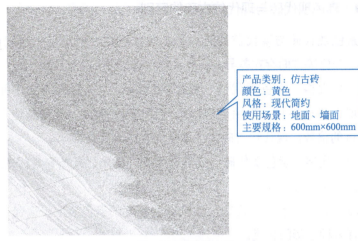

产品类别：仿古砖
颜色：黄色
风格：现代简约
使用场景：地面、墙面
主要规格：600mm×600mm

图4-24 现代仿古砖

## 4.7.8 仿古砖与素色现代砖的区别

素色现代砖是指瓷砖表面颜色以黑白灰素色调为主的一类瓷砖产品。素色现代砖以900mm×900mm、1200mm×600mm、1800mm×900mm等规格为主。其无需过多的设计搭配，也无需过度加工、切割，直接铺贴就能够达到较理想的铺贴效果。

素色现代砖讲究素色美学，属于现代时尚风格，不追求艳丽色彩。

仿古砖具有复古特点，以600mm以下小规格为主。一般需要设计搭配，也需要一定的加工才能够达到较理想的铺贴效果。

仿古砖与素色现代砖的区别关系如图4-25所示。

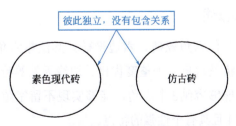

图4-25 仿古砖与素色现代砖的区别关系

### 4.7.9 素色现代砖与现代仿古砖的区别

素色现代砖与现代仿古砖均属于现代风格。但是它们在规格、光感、颜色等方面存在差异。

（1）规格　素色现代砖一般以900mm以上大规格为主，并且素色现代砖规格尺寸采用建筑中最常用的3M模数，也就是边长是300mm的倍数。现代仿古砖大小规格均有。

（2）光感　素色现代砖一般具有柔光、高光、微光等多种光感。现代仿古砖一般为亚光。

（3）颜色　素色现代砖一般以低饱和度的素色为主。现代仿古砖具有多种色彩的种类。

素色现代砖与现代仿古砖的区别关系如图4-26所示。

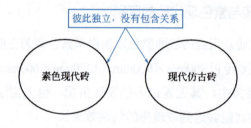

图4-26　素色现代砖与现代仿古砖的区别关系

## 4.8 六角砖

### 4.8.1 六角砖概述

六角砖又叫作六角瓷砖、六边形砖。其泛指六角异形的瓷砖。六角砖具有形状呈六角、平整度优良、边缘天然等特点。六角砖每个拼接处恰好能够容纳3个内角，能够实现不留空隙、不重叠的完美密铺效果，并且具有个性强的特点。

一般情况应选择六个角与六个边尺码统一规整的六角砖。六角砖如图4-27所示。

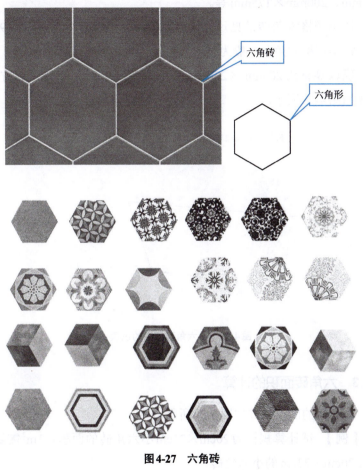

图4-27　六角砖

## 4.8.2　六角砖规格的识读

六角砖可以分为大六角砖、小六角砖。大六角砖常见的尺寸规格主要有580mm×500mm、300mm×260mm等。一般而言，大六角砖对角尺寸大约是对边尺寸的1.15倍。

小六角砖尺寸规格因不同厂家使用的模具不同而存在差异。常见的尺寸规格主要有260mm×230mm、230mm×200mm、220mm×190mm、200mm×175mm等。

特小规格六角砖常见尺寸规格有26mm×23mm、22mm×19mm等。特小规格六角砖一般为艺术六角砖，与马赛克瓷砖类似。

现以规格为200mm×230mm的小六角砖为例介绍其识读方法，具体如图4-28所示。

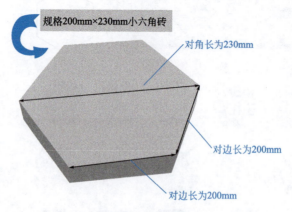

图4-28　小六角砖规格的识读

### 4.8.3　六角砖面积的计算

六角砖的面积计算如图4-29所示。

【例】　试计算规格为20cm×23cm小六角砖的面积。1m²需要多少片20cm×23cm的小六角砖？

【解】　根据公式 $S_六 = 2S_半 = 2 \times \dfrac{(a+b)h}{2} = (a+b)h$，得

$$S_六 = 2 \times \dfrac{(0.115+0.23) \times 0.1}{2}$$
$$= (0.115+0.23) \times 0.1$$
$$= 0.0345 (m^2)$$

1m² 需要六角砖片数如下：
1/0.0345≈29(片)

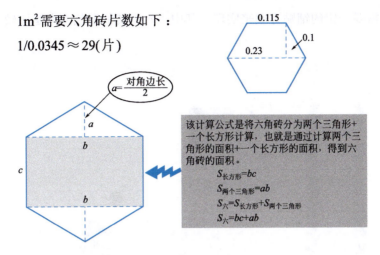

(a) 六角砖面积计算公式一

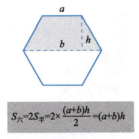

(b) 六角砖面积计算公式二

图4-29 六角砖的面积计算

## 4.8.4 六角砖背景墙的搭配

六角砖背景墙搭配有主白+4花朵方案、白+2灰方案、主白+灰+3花朵方案、白+灰方案、主白灰+随机方案、6色随机方案等，如图4-30所示。

## 4.8.5 六角砖的配色方案

六角砖尽管个性时尚，但是怎样才能够铺贴成舒适养眼的效果，还需要一定的铺贴方案来实现。其中，六角砖的配色方案是比较重要的。

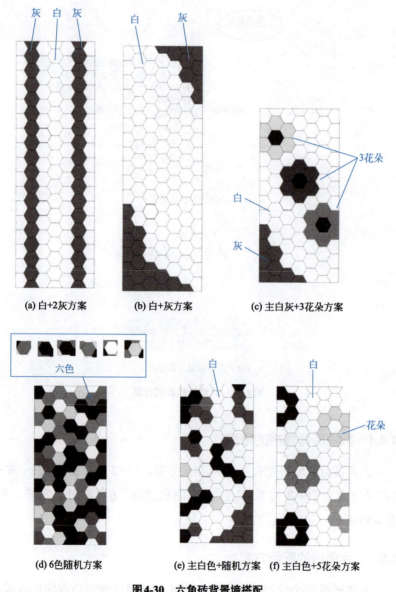

图4-30 六角砖背景墙搭配

有些六角砖的颜色比较艳丽，利用不同颜色的六角砖搭配可以产生不同的视感效果，如图4-31所示。

（1）六角砖的黑白灰搭配方案　六角砖最经典的颜色搭配莫过于黑白灰六角砖的搭配。六角砖的黑白灰搭配方案图例如图4-32所示。

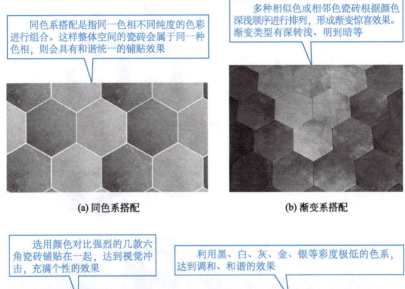

图4-31　六角砖的配色方案

(a) 砖斜条形铺贴搭配

人字形铺贴,给人一种立体感鲜明的视觉冲击

(b) 人字形搭配

大面积使用白色作为底,再使用黑色六角砖围成花朵作为点缀

(c) 黑白花朵搭配

使用黑色排列成一字形,具有现代感效果,该方案适合大面积场所铺贴

(d) 一字形搭配

# 第4章 各类瓷砖具体学

图 4-32

(e) 其他搭配方案

图 4-32 六角砖的黑白灰搭配方案图例

 提醒

　　黑白灰三色六角砖，可以使用规则或不规则形成的混贴，一样具有很好的视感效果。如果黑、白、灰三色六角砖根据同样数量、同样规则、一定比例铺贴的方案，比较适合小范围角落的铺贴。六角砖黑白条形组合，既可以应用于地面，也可以应用在墙上，形式上可以根据空间需求选择是横向条形，还是竖向条形铺贴。

（2）六角砖的其他搭配方案　六角砖的搭配方案，除了黑白灰搭配方案外，还有其他一些搭配方案，如图4-33所示。

(a) 上下或左右分区组合

(b) 混铺组合

(c) 花组合

图4-33

(d) 平行四边形组合

六角砖的边角能够使其多块组合呈类似平行四边形的效果

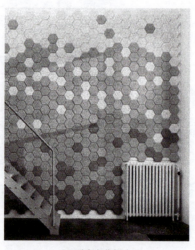

(e) 逐步变化组合

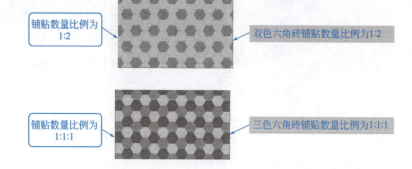

铺贴数量比例为 1:2 ——双色六角砖铺贴数量比例为1:2

铺贴数量比例为 1:1:1 ——三色六角砖铺贴数量比例为1:1:1

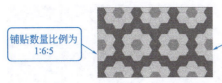

(f) 各色瓷砖的数量比例

图4-33 六角砖的其他搭配方案

### 4.8.6 六角砖与其他材料的搭配

六角砖与其他材料搭配的特点如下。

（1）六角砖+木纹砖　六角砖+木纹砖可以打造异国风情和艺术潮流等效果。

（2）六角砖+仿古砖　六角砖+仿古砖可以打造乡村田园风、小资情调等效果。

（3）六角砖+抛光砖　六角砖+抛光砖可以打造气派大方、华丽格调等效果。

（4）六角砖+水泥砖　六角砖+水泥砖可以打造人文气息的效果。

（5）六角砖+纯色砖　六角砖+纯色砖可以打造清新自然、明亮时尚等效果。

## 4.9 小正方形瓷砖

### 4.9.1 小正方形瓷砖概述

小正方形瓷砖就是相对300mm或者以上尺寸的正方形瓷砖而言的小尺寸规格的正方形瓷砖。小正方形瓷砖的规格有25mm、60mm等。

小正方形瓷砖铺贴往往采用有缝隙铺贴，如图4-34所示。

图4-34 小正方形瓷砖与其铺贴

卫浴空间选择小正方形瓷砖,则卫浴水渍的消失速度比贴大正方形瓷砖的要快得多,同时向排水孔倾斜的坡度比用大正方形瓷砖能够更好控制。

用小正方形瓷砖装修的卫浴,能产生亲切可爱的效果。

## 4.9.2 小正方形瓷砖的应用

小正方形瓷砖的应用如图4-35所示。

第4章 各类瓷砖具体学

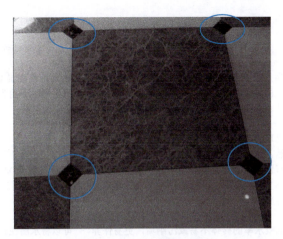

图4-35 小正方形瓷砖的应用

## 4.10 大理石瓷砖与木纹砖

### 4.10.1 大理石瓷砖概述

大理石瓷砖源于石材,但胜于石材。大理石瓷砖因具有独特的优势,所以逐渐取得了很多消费者的肯定。其使用范围逐渐由公装领域扩展到家装领域;从起初的地面铺贴逐步延伸到墙面铺贴。

大理石瓷砖规格有900mm×900mm、600mm×1200mm等,其造型多样,可加工成不同大小的形状。大理石瓷砖的吸水率小于0.5%,属于瓷质砖。

大理石瓷砖质量的鉴别方法见表4-18。

表4-18 大理石瓷砖质量的鉴别方法

| 方法 | 鉴别 | 简易判别方法 |
| --- | --- | --- |
| 看逼真度 | 优质的大理石瓷砖其石纹还原度≥99.9% | 将瓷砖与天然大理石进行对比,在除去杂质的前提下,相似度高者为上品大理石瓷砖 |

续表

| 方法 | 鉴别 | 简易判别方法 |
|---|---|---|
| 看印痕度 | 品质好的瓷砖不应该出现网格、纹理模糊、机械印刷痕迹等异常问题。好大理石瓷砖其表面肌理为精度网格高精喷印 | 如果距离瓷砖10cm处肉眼看不出网格者的为上品大理石瓷砖 |
| 看重复度 | 肌理丰富的大理石瓷砖会让空间显得流畅自然,带来舒畅美妙的感觉。肌理重复的大理石瓷砖,会让空间显得生硬呆板。石纹肌理不重复面积≥5m²的是好的大理石瓷砖必备特质 | 抽取一箱瓷砖平铺于地面,看花纹是否重复,重复度越低,则装饰效果越好 |
| 验玻化度 | 低吸水率的砖体不易藏污纳垢,更易保养打理。符合7星标准的大理石瓷砖,吸水率应小于或等于0.05% | 可以将水滴在瓷砖背面,水浸润慢或不吸水者,则说明该大理石瓷砖密度越大,品质越好 |
| 验坚硬度 | 莫氏硬度越高,耐磨耐压性越强。如果瓷砖硬度不足,则容易受损。7星标准的大理石瓷砖其砖体莫氏硬度应不低于6级 | 可以用刀片等硬铁器在瓷砖表面划动,无划痕的大理石瓷砖为上品 |
| 验致密度 | 不同品牌、相同大小的大理石瓷砖,质量越大意味着瓷砖越厚实、料越足、密度越高。大理石瓷砖的致密度一般需要满足每平方米瓷砖质量≥25kg | 可以将不同大理石瓷砖切割成相同规格称重对比,重者为上品大理石瓷砖 |
| 验自洁度 | 自洁度源自于大理石瓷砖砖体釉面的致密度,致密度越高,污渍越难渗透到瓷砖当中。抗污系数应大于或等于5级才符合7星标准大理石瓷砖的要求 | 可以将酱油、墨水、食醋等滴在瓷砖表面,静待片刻后擦拭干净,无残留的大理石瓷砖为上品 |

 提醒

选择地砖上墙的原因如下。

①地砖尺寸更大,接缝少,好做卫生,显得更大气。

②地砖可以倒角,可以做出几何边棱的效果。

③地砖可以做出石材的纹理,光泽好,更显豪华。

## 4.10.2 大理石瓷砖的清洁保养方法

大理石瓷砖的清洁保养方法如下。

① 粘上各种胶，可以用香蕉水去除。

② 定期对大理石瓷砖打蜡处理。

③ 定期清洁大理石瓷砖。

④ 果渍、咖啡、茶渍、酱醋、皮鞋印等污渍，可以使用次氯酸钠稀释液（漂白剂）浸泡20～30min后用布擦净。

⑤ 可选用洗洁精、肥皂等日常清洗大理石瓷砖。

⑥ 墨水、防污蜡霉变形成的霉点、水泥等污染物，可以使用盐酸、硝酸等稀溶液。使用时，将漂白剂涂在污渍处浸泡几分钟即可擦干净。

⑦ 大理石瓷砖出现少许轻微的划痕，可以在划痕处涂牙膏，并且用轻柔的干布用力擦拭即可。

⑧ 出现铁锈，可以用2%的草酸溶液洗涤去除，再用清水擦净。

⑨ 缝隙中出现的污垢，可以用牙刷蘸少量去污膏擦净。

**提醒**

酸碱性质的清洁剂能够有效去除瓷砖表面的污渍，但是由于酸碱成分有可能对瓷砖表面造成腐蚀，因此，不宜频繁使用酸碱性质的清洁剂进行清洁保养。可以采用酸碱值为中性的清洗剂进行清洁保养。

## 4.11 木纹砖与微晶石

### 4.11.1 木纹砖

木纹砖又叫作仿木纹砖。木纹砖是一种具有天然木材纹理图案装饰效果的瓷砖。

釉面木纹砖既有釉面长久耐磨不褪色、容易清理的特点，又具有实木地板华贵优雅的气质。一般需要选择防滑的木纹地砖。

木纹砖分为仿木地板瓷砖（炻质砖）与磁木地板瓷砖（瓷质砖）。狭义上的仿木地板瓷砖分为木纹条瓷砖、磁木地板瓷砖，也就是原装边木纹砖（原厂边木纹砖）与精装边木纹砖（精修边木纹砖、磁木地板砖）。其中，原装边木纹砖烧成时即是长条形，生产过程中用模具直接压制、一次成型的仿木地板条形瓷砖，四边边缘有自然圆弧，使用时无需切割。精装边木纹砖是以600mm×600mm、600mm×900mm、600mm×1200mm、800mm×800mm等传统瓷砖成品，经过二次切割磨边、倒边等加工后，然后重新包装出厂的瓷质方砖。原装边木纹瓷砖与原装边木纹瓷砖拼贴在一起形成一条自然缝，完全还原木地板的视觉效果。

木纹砖也分为釉面木纹砖、劈开木纹砖。釉面木纹砖有的是通过丝网印刷工艺或贴陶瓷花纸的方法来使瓷砖表面获得木纹图案的效果。劈开木纹砖有的是采用两种或两种以上烧后呈不同颜色的坯料用真空螺旋挤出机把它们混合，再通过机器剖切出口形成的酷似木纹图案效果的瓷砖。

木纹砖根据表面光泽度划分，分为亚光木纹砖、亮面木纹砖（全抛釉木纹砖）、柔光木纹砖等。

木纹砖有150mm×600mm、200mm×900mm、200mm×1000mm、200mm×1200mm、600mm×600mm、600mm×900mm等规格。现在一般选择最多的是150mm×600mm规格的木纹砖，木纹砖图例如图4-36所示。木纹砖配件图例如图4-37所示。

木纹砖踢脚线常见的规格有600mm×120mm、800mm×120mm等。

不喜欢前卫风格的人，可以选择木纹砖，以达到温馨舒适感。好的木纹砖逼真度高，仅凭肉眼无法分辨是木地板还是瓷砖。

# 第4章 各类瓷砖具体学

(a) 木纹砖

(b) 乌木木纹砖

(c) 铁刀木木纹砖

(d) 云杉木木纹砖

(e) 榆木木纹砖

(f) 柚木木纹砖

(g) 樱桃木木纹砖

(h) 橡木木纹砖

(i) 水曲柳木木纹砖

(j) 铁桦木木纹砖

(k) 榉木木纹砖

**图 4-36**

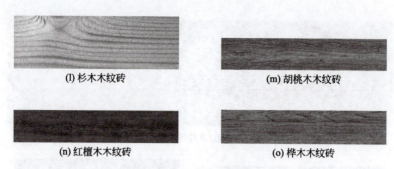

图4-36 木纹砖图例

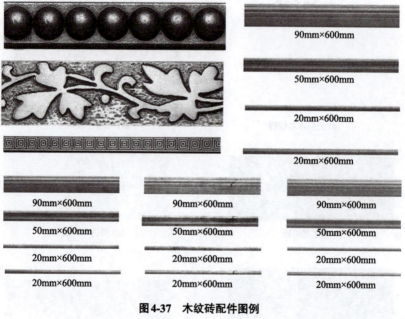

图4-37 木纹砖配件图例

木纹砖用得最多的空间是卧室。木纹砖也可以上墙铺贴,例如木纹砖客厅背景墙、卧室床头背景墙、阳台地面甚至阳台墙地一体化等。

选择木纹砖时,不只需要眼看,还需手触。高端木纹外表一般有原木的凹凸质感,并且木眼、年轮等纹理细节入木三分、逼真逼现。

> 深棕色木纹具有内敛、自然之美等效果。楼兰木纹砖能够给人檀木空间的感觉。

### 4.11.2 微晶石的特点

微晶石的特点如图4-38所示。

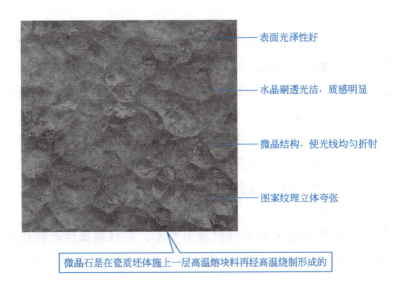

- 表面光泽性好
- 水晶剔透光洁，质感明显
- 微晶结构，使光线均匀折射
- 图案纹理立体夸张
- 微晶石是在瓷质坯体施上一层高温熔块料再经高温烧制形成的

图4-38　微晶石的特点

## 4.12　踢脚线与腰线

### 4.12.1 踢脚线概述

地砖常见的配套产品有波打线、地拼花、踢脚线等。其中，踢脚线主要是为了保护墙裙、减少墙体变形、便于擦洗、起到视觉平衡等作用，同时具有美化装饰效果等功能。

踢脚线顾名思义就是脚踢得着的墙面区域。以前一般装修中踢脚线出墙厚度为5～12mm或者8～15mm。目前，也有与墙平平齐的暗踢脚线。暗踢脚线需要凿墙根，比较费工费时。

以前一般装修中，踢脚线的高度大约为10cm。近几年，踢脚线的高度降低了一点点，一般家庭高度大约为6.6cm或者7cm。这样能够使室内装修看上去更加秀气、更加美观。

踢脚线常见规格有800mm×110mm、600mm×110mm、1000mm×110mm等。

根据其所用材料与墙体材料不同，踢脚线有水泥踢脚线、水磨石踢脚线、地砖踢脚线、木板踢脚线、塑料踢脚线（例如PVC踢脚线、聚苯乙烯高分子踢脚线）、陶瓷踢脚线、玻璃踢脚线、石材踢脚线、铝合金踢脚线等类型。

陶瓷踢脚线可以分为釉面砖踢脚线和玻化砖踢脚线。如果采用陶瓷材质的踢脚线，一般选择与地砖材质一样的踢脚线为宜。如选择仿古砖，则可以考虑釉面的踢脚线。如果选择玻化砖，则可以选择玻化砖踢脚线。

聚苯乙烯高分子踢脚线已成为实木、石材踢脚线的替代品，具有能用中端价位打造出高端的效果的特点。踢脚线的应用如图4-39所示。

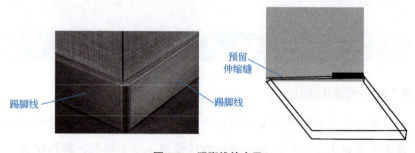

图4-39　踢脚线的应用

> **提醒**
> 
> ① 无论是木地板还是瓷砖地砖,都会有一定程度的伸缩变形。如果铺地板或地砖时紧紧地贴住墙,则遇热或遇湿膨胀时会没有办法伸展,造成地板或地砖相互挤压,形成起翘、空鼓、变形、损坏等异常现象。另外,踢脚线还可以遮挡线路,例如把部分线路埋藏在踢脚线中。
> 
> ② 踢脚线的高低选择与空间尺度间的比例关系相关。例如空间为2.8m的高度,踢脚线则高大约为150mm。如果空间高低于2.5m,踢脚线则高大约为100mm。

(1) 踢脚线的颜色选择方法与要点

① 接近法选择。是所选择踢脚线的颜色与地砖颜色接近或者一致的一种选择方法。踢脚线颜色与地板的颜色接近,不考虑踢脚线颜色与门、门套的颜色。这种情况的踢脚线颜色最好比地板颜色略深,以便能够让房间具有层次感。另外,踢脚线颜色与门套的颜色接近或者相同,这样具有整体感。踢脚线颜色也可以选择与墙面同色。

② 反差法选择。是所选择踢脚线的颜色与地砖颜色存在反差的一种选择方法。反差法具体需要根据需求、爱好来确定。如果墙面或者地面颜色比较深,则踢脚线可以选择白色的,这样对比会形成明显的视觉反差,具有突出颜色层次、分割空间等效果。

③ 一般而言,对于浅色的地砖不建议选择浅色的踢脚线,而是建议选择中性的咖啡色等颜色的踢脚线。

(2) 使用踢脚线的注意点

① 踢脚线相当于给墙面、地面勾了一个边,太有存在感的踢脚

线会让人对房屋面积、层高有非常清晰的认知。因此，小户型、层高低的房间里会让人感觉到房间更压抑，越宽的踢脚线越容易产生压低层高的感觉。

② 踢脚线与地面同色，会弱化踢脚线的存在，可以拓展地面空间，但是会产生拉低层高的感觉。

③ 白色墙面搭配白色踢脚线，能够产生踢脚线被隐藏起来的效果。

④ 颜色相近的深色墙面与深色地面搭配，则白色踢脚线会显得太过扎眼。

⑤ 与门框同色的踢脚线，需要充分考虑与地板、墙面的协调程度。

⑥ 浅色调搭配黑色踢脚线，非常突兀。因此，踢脚线越窄、越薄，颜色与墙面越协调越好。

选用踢脚线的注意点如图4-40所示。

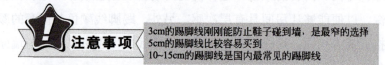

图4-40　选用踢脚线的注意点

## 4.12.2　地砖踢脚线

瓷砖或石材踢脚线比较耐用，其一般适合于墙面也使用石材或瓷砖的房间。

地砖踢脚线在混凝土墙面上的构造层次为：素水泥浆（内掺水重3%～5%的107胶）；12～14mm厚的1∶2水泥砂浆；8～10mm厚的地砖。

地砖踢脚线在加气混凝土砌块墙面上的构造层次为：107胶水溶液

（胶∶水=1∶4）；12～14mm厚的1∶2水泥砂浆；8～10mm厚的地砖。

地砖踢脚线在砖墙面上的构造层次为：12～14mm厚的1∶2水泥砂浆；8～10mm厚的地砖。

踢脚线可以直接买成品的，也可以委托加工。一般情况下，如果使用的是釉面地砖，则一般选择釉面的踢脚线。如果地砖是玻化砖，则一般选择玻化砖的踢脚线。

瓷砖踢脚线的安装图例如图4-41所示。

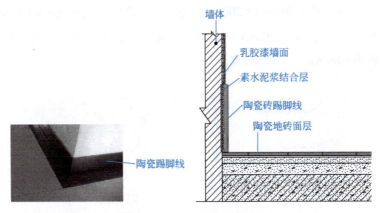

图4-41　瓷砖踢脚线的安装图例

## 4.12.3　腰线

在居室设计中，阴角线、腰线、踢脚线均起着视觉平衡的作用，利用它们的线形感觉、材质、色彩等在室内相互呼应，可以起到较好的美化装饰效果。腰线、花片对于瓷砖的装饰作用，恰似人们穿时装需要配腰带、首饰衬托品位一样。

居室采用腰线，会让整个空间充满着一种活力灵动之感。腰线分为移门腰线、墙砖腰线、建筑腰线。建筑腰线是建筑装饰的一种做法，一般是指建筑墙面上的水平横线，其在外墙面上（通常是在窗口的上沿或下沿，或其他部位）将砖挑出60mm×120mm，做成一条通长的横带。本书讲的是室内装修墙砖腰线,即在室内装修墙面某一位置上用不同花色的瓷砖贴横向的一圈线条,该横线不存在弯曲,其位置就像人的腰带一样。

客厅等地不经常使用墙砖腰线。墙砖腰线大多用在卫生间,起到一定的空间划分装饰作用,能够让空间充满活力。

腰线砖多为印花砖,其上面往往有一些色彩鲜艳、精美的图案花纹,如图4-42所示。

墙砖一般为200mm×300mm、250mm×330mm、300mm×450mm、300mm×600mm、250mm×400mm等规格。配合墙砖的腰线砖规格一般为60mm高,200mm宽。

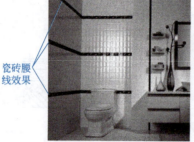

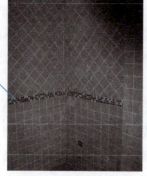

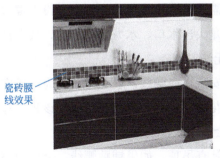
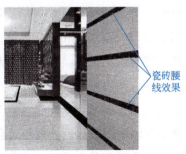

图4-42　瓷砖腰线

瓷砖腰线色彩与花型的选择如图4-43所示。厨卫中的腰线一般情况下采用与所铺装的瓷砖配套的腰线砖，也可以选择马赛克做腰线。马赛克腰线具有防潮、防水、易打理、纹理丰富、颜色多样、造型别致等特点。

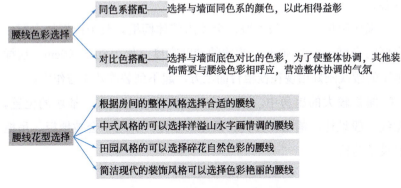

图4-43　瓷砖腰线色彩与花型的选择

腰线砖镶嵌在瓷砖整体铺贴装饰中的黄金分割位置上，会使建筑室内装饰的空间组合出完美的效果。一般而言，腰线铺贴在水盆（洗手盆、洗脸盆等）以上的高度比较合适，也就是一般为85～90cm。

卫生间横向铺贴浮雕腰线，设计、铺贴位置尽量不要高于窗台，以免受窗户的限制而无法成为一条完整的线条，从而影响装饰效果。

另外,卫生间横向铺贴腰线还需要考虑腰线所在位置上有没有混水阀进水口、混水阀出水口、水龙头出水口、水龙头进水口、墙面挂件、洗衣机龙头等,以免造成无法安装。

卫生间有整体浴房的不宜安装横向腰线,以免无法成为一条完整的线条。腰线除了平面的印花砖,还有一种立体腰线。该种立体腰线在墙面阳角部位处理相对会难一些。

较小面积的卫生间,上面具有吊顶,如果铺贴腰线,会切割整体空间,从而显得卫生间更低,产生压抑感。如果不铺贴腰线,则会显得空间大一些,并且没有空间约束感。可见,较小面积的卫生间不适宜铺贴腰线。

较大面积的卫生间,上面具有吊顶,如果铺贴腰线,则会使卫生间立体空间得到视觉上的分割,产生层次感,并且可以丰富墙面内容。

现代厨房中,一般家庭都会使用整体橱柜。整个橱柜加上橱柜台面的高度一般为80cm。腰线的铺贴高度一般为80～90cm。这样铺贴的腰线刚好出现在橱柜台面上方,起不到装饰效果与作用。

面积较大的厨房中,腰线的高度需要考虑开关、插座的位置。腰线一般设计、铺贴在开关、插座的下方,并且不会被地柜、吊柜等设备遮挡。

**提醒**

① 瓷砖顶线——一般铺贴在吊顶的下面。

② 瓷砖腰线——瓷砖腰线需要注意水平位置,并且保持所有腰线排成一条直线。腰线铺贴方式与位置可以根据个人喜好,自由选择和搭配。

③ 瓷砖角线——一般铺贴在阳角等部位上。

# 4.13 波打线与花线、角花

## 4.13.1 波打线概述

波打线又称为波导线,也称为花边、边线等名称。波打线主要用在地面周边、过道玄关等地方。波打线一般为块料楼(地)面沿墙边四周所做的装饰线,以增加设计效果。

波打线宽度不等,通常宽度在10～20cm。常见尺寸规格为100mm、150mm、200mm,具体宽度应根据房间大小来确定。波打线如图4-44所示。

图4-44 波打线

### 4.13.2 波打线材料与作用

波打线主要是用一些与地砖主体颜色有一些区分的瓷砖加工而成。波打线一般用深色的瓷砖加工为主。

室内装修中,波打线一般是沿房间地面的四周连续铺设,起到进一步装饰地面、分隔区域等作用。波打线能够使地面更富变化,看起来更具有特别的艺术韵味与美感,并使区域划分更明显。

客厅与餐厅如果用波打线分区域铺贴,则四周采用波打线走边,中央可以采取斜铺或拼花形式来区分。入户玄关或过道用拼花(波打线)点缀,会是每个区域造型比较独立,从而使整体铺贴出来的效果比较上档次。

波打线就相当于墙面的踢脚线,只不过波打线主要用于地面,而不是墙面。波打线的作用如图4-45所示。

第4章　各类瓷砖具体学

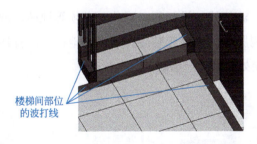

楼梯间部位的波打线

图4-45　波打线的作用

波打线装饰虽然漂亮，但是加工费用要高一些，工人铺贴费用也比常规铺贴方法贵一些。波打线一般是根据图示尺寸以平方米来计算的。

**提醒**

① 客厅、餐厅是否需要装波打线，主要取决于装修风格、户型的大小。

② 一般欧式风格，需要装波打线比较多，主要用来划分客厅与餐厅区域。现代风格简约大方，可以不走波打线，如果个人喜欢波打线，则可以采取比较简单的四周边线形式。

③ 大户型可以走波打线，小户型可以不走波打线。如果为了装饰效果，突出区域感，小户型可以采用简洁波打线线条来加以区分。

### 4.13.3　波打线的施工

一般的施工顺序如下：地砖→波打线→过门石→踢脚线，如图4-46所示。

具体施工顺序如下。首先铺贴大面积地砖，然后把波打线找齐。因过门石尺寸可以调节，因此，后面铺过门石。踢脚线施工时，需要压住地砖、波打线、过门石。因此,必须等地砖、波打线都铺好后,再安装踢脚线。如果先装踢脚线,则地砖、波打线、过门石会与踢脚线相交处会露出一条缝。

图4-46 波打线的施工

地砖施工一般由门口开始,并且门口需要采用整砖,砖缝必须与门中、门边协调。门口砖的位置确定后,由外(门口)往里铺,非整砖放在最里边。如果是不摆放家具的大厅,则非整砖不得小于1/2砖,否则需要切两块砖来铺贴。

> 波打线的施工一般都是在地砖铺设后进行的,如果弄颠倒施工顺序,则可能会对装修效果造成影响,从而影响整体的美观性。

### 4.13.4 波打线与踢脚线的区别

波打线与踢脚线的区别见表4-19。

表4-19 波打线与踢脚线的区别

| 项目 | 波打线 | 踢脚线 |
| --- | --- | --- |
| 材质 | 波打线主要是瓷砖波打线 | 踢脚线比较丰富,主要有石材踢脚线、PVC踢脚线、陶瓷踢脚线、玻璃踢脚线、木踢脚线、铝合金踢脚线、PS高分子踢脚线等 |

续表

| 项目 | 波打线 | 踢脚线 |
|---|---|---|
| 规格 | 波打线没有具体的尺寸规格,一般100mm、150mm、200mm等 | 踢脚线规格高度一般为6~12cm,常见规格有800mm×110mm、600mm×110mm、1000mm×110mm等 |
| 降低装修成本 | 一般现在家居装修客厅等地面瓷砖大多为600mm、800mm等规格,不管怎么铺贴上常会出现缝隙。一块砖过大,切割麻烦,损耗大。这时,采用波打线可以弥补该缺陷,达到减少损耗的目的 | 踢脚线没有减少损耗的功能 |
| 空间感 | 波打线可以虚拟分割空间,增强空间感与空间完整性 | 从视觉效果上来看,房间内有柜子的地方是看不见踢脚线的,具有断裂感 |
| 位置 | 踢脚线是铺贴在墙体与地面的交界处,但是波打线是铺贴在地面上的 | 踢脚线是安装在墙上,在墙的平面上,是安装在墙体与地面的交界处 |
| 作用 | 波打线的作用主要是进一步装饰地面,使客厅等场所地面更富变化,看起来更具艺术韵味与美感 | 踢脚线主要是起室内视觉平衡的作用,具有美化室内装饰的效果与保护功能。踢脚线可以减少墙面受外力的冲击带来的破坏,使墙体与地面间结合牢固 |

提醒

波打线与踢脚线安装铺贴的地方、作用不同,存在较大差别。但是有一个共同点就是可以美化室内装修效果,提升装修品质。

## 4.13.5 花线与角花

花线又叫作花线条、石材线条,其是用石材或者瓷砖经过加工而成,一般至少有一个面要保持平直,作为安装面。花线是常用的一种装饰造型。常作为门框、台面、屋檐、建筑物转角、窗框、扶手、腰线、踢脚线等的边缘或者地面装饰画,以达到使用美观的目的。

根据所用石材种类不同,花线分为大理石花线条、花岗岩花线条、人造石花线条、瓷砖花线。

根据截面的延伸轨迹不同,花线分为直位花线和弯位花线。直位花线常见的有平面直位花线、圆弧直位花线、台阶直位花线、复合直位花线等。弯位花线除了在直线与弯曲上有差异外,在截面上是相同的。

根据表面加工程度,花线分为镜面花线、细面花线、粗面花线等。

装修中,一般情况下使用的是正方形等规则的瓷砖,这样不存在使用角花的情况。如果地砖与地砖间是有形状空隙的情况,这时使用角花就可以把该空隙填上。

角花与角花的应用如图4-47所示。角花的类型有四边角花、两边角花等。一般地砖的角花都是四边角花,是很规则的,与地砖拼上后要具有装饰效果。仿古砖的角花砖是很特别的,铺在客厅地面可以起到很好的烘托效果,非常适合美式或者混搭装修风格。

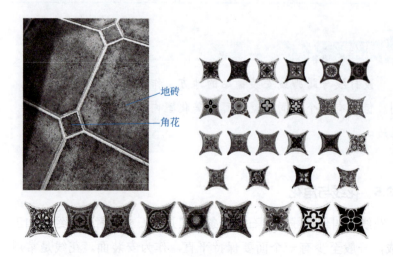

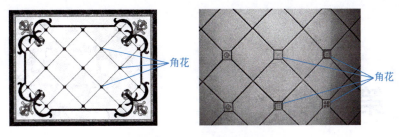

图4-47 角花与角花的应用

两边角花不是只有两个角,而是带有弧形的,两块大地砖共用一个角花。

角花除了形状多样外,角花上面的图案也是多种多样的。有一些角花是成套的,商家会将其与地砖搭配好。有一些角花是可以自己挑选的,业主可以自己搭配使用。

提醒

高档品牌的角花一般配有很多的图案可供选择,选择时要注意花线、角花的底色要与地面其他的瓷砖颜色、花纹基本一致。花线、角花主要用在进门处、客厅的茶几、餐厅餐桌的下面等场所。

# 第5章

# 瓷砖拼排与施工轻松通

## 5.1 瓷砖拼排概述

### 5.1.1 制作瓷砖排版图的程序

制作瓷砖排版图的程序如图5-1所示。

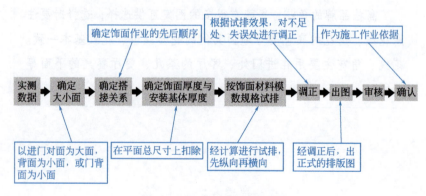

**图5-1 制作瓷砖排版图的程序**

### 5.1.2 瓷砖排版图的要求

瓷砖排版图的要求如图5-2所示。

第5章 瓷砖拼排与施工轻松通

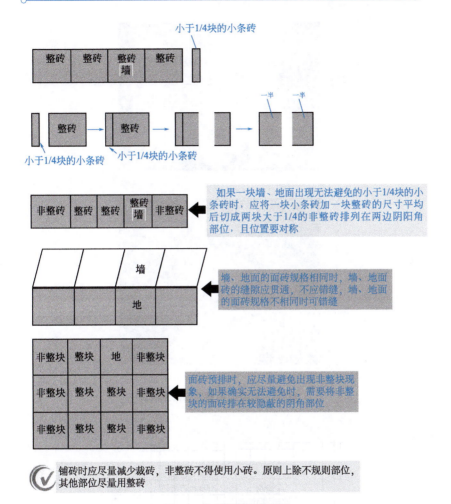

图 5-2 瓷砖排版图的要求

## 5.1.3 家装应用瓷砖的常见区域

家装应用瓷砖的常见区域如图5-3所示。

## 5.1.4 家装铺贴瓷砖整块与切块的安装分布

家装铺贴瓷砖整块与切块的安装分布如图5-4所示。

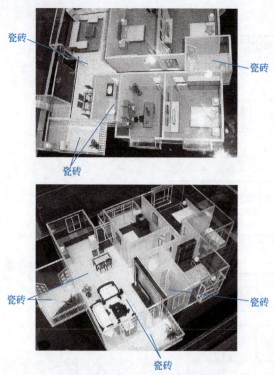

图5-3 家装应用瓷砖的常见区域

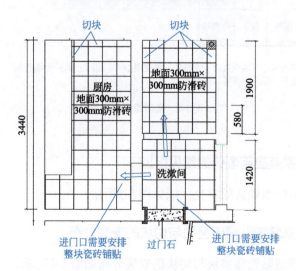

第5章 瓷砖拼排与施工轻松通

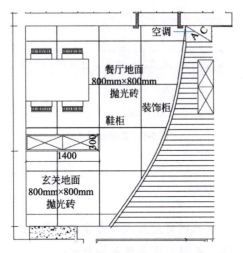

图5-4 家装铺贴瓷砖整块与切块的安装分布

## 5.2 瓷砖铺贴的方法与方式

### 5.2.1 直线铺设法

瓷砖直线铺设法属于最原始、最传统的方法。瓷砖直线铺设法就是讲究瓷砖横平竖直，缝为直线的拼排效果。直线铺设法如图5-5所示。瓷砖直线铺设法是目前乃至今后依然流行的做法。

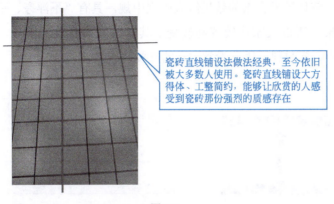

瓷砖直线铺设法做法经典，至今依旧被大多数人使用。瓷砖直线铺设大方得体、工整简约，能够让欣赏的人感受到瓷砖那份强烈的质感存在

图5-5

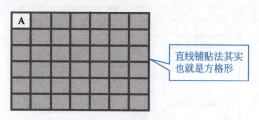

图5-5 直线铺设法

> **提醒**
>
> 瓷砖直线铺设法的好处为大方得体、工整简约。瓷砖直线铺设法无论是家装、公装，还是娱乐场所均适用。

### 5.2.2 工字形法

瓷砖工字形铺设法就是瓷砖铺设呈工字拼排效果的瓷砖铺贴方法。瓷砖工字形铺设是在传统铺贴方法基础上稍微改动而成。瓷砖工字形铺设法属于跳动的铺法。瓷砖工字形铺设法也就是把传统瓷砖直线铺设改成瓷砖走工字铺设。工字形法铺设如图5-6所示。工字形铺设是地板铺设当中用得最多的、也是最常见的方法之一，这是因为它整体铺设出来的效果给人中规中规，具有"不浮夸、平民化"的效果，所以大家比较容易接受；其次是因为它施工简单、快速、损耗小、省材料，因此受到大众的喜爱。

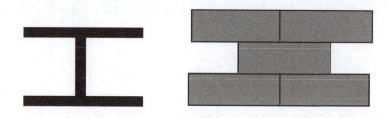

第5章 瓷砖拼排与施工轻松通

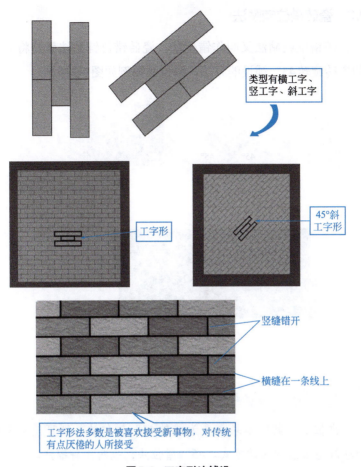

图5-6 工字形法铺设

**提醒**

简单而言,瓷砖工字形铺贴就是前、后一行(或后一列)瓷砖与中间行(或前一列)的每片瓷砖的中部对齐平行的铺贴方法。也就是根据工字是两横一竖来理解。瓷砖工字形铺贴法的结果是使线条具有美观感。因此,瓷砖工字形铺贴法无论是家装、公装,还是娱乐场所均适用。

### 5.2.3 瓷砖错位铺贴法

瓷砖错位铺贴法又叫作错位法。瓷砖错位铺贴法就是将方方正正的瓷砖旋转45°铺设的方法。错位法图例如图5-7所示。

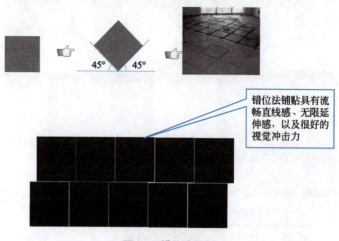

图5-7 错位法图例

错位法，其实如果命名为旋转45°错位法，则可能会更好地理解错位法的铺贴方式。45°错位法，也叫作斜铺法。

另外，还有一种错位法就是把瓷砖直线铺设法与瓷砖工字形铺贴法结合在一起而成的错位，如图5-8所示。

这种不正也不是直线的错位法，因跳跃性较大，所以使用前需要做好预想与审视铺贴效果图。

图5-8　另外一种错位法铺贴

## 5.2.4　人字形铺设法

瓷砖人字形铺贴法就是把瓷砖铺成如同汉字"人"一样的形状。人字形铺设法图例如图5-9所示。瓷砖人字形铺贴是一种比较新的铺贴方式，适合于个性化的现代简约风格中。一般而言，瓷砖人字形铺贴比普通瓷砖铺贴价格会贵一些。另外，由于马赛克、卵石等还需要对水泥地面进行找平或嵌边处理，因此，价格会更高一些。

瓷砖人字形铺贴的方法不同，损耗也不同，也就是说从墙角开始铺与从中间开始铺，损耗是不同的。

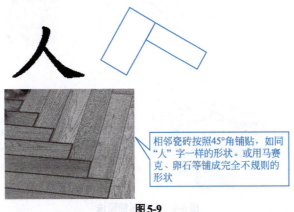

图5-9

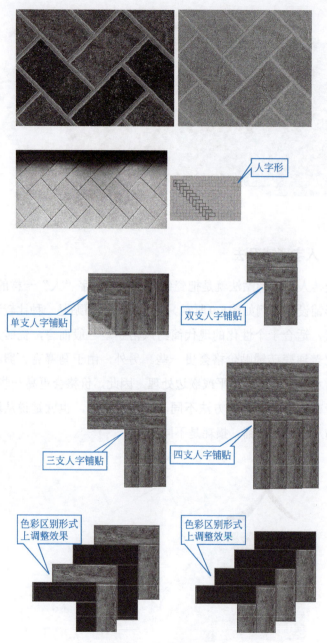

图5-9 人字形铺设法

> **提醒**
>
> 瓷砖人字形铺贴的线条感极强，一般不适合在客厅、卧室大面积铺贴。另外，用马赛克、卵石镶嵌的水泥地面及其多变的色彩、造型，只能够用于局部点缀。瓷砖人字形铺贴适用于阳台或过道等小面积的铺贴。

## 5.2.5 菱形斜铺设法

菱形斜铺设法就是瓷砖与墙边成45°的方式排砖铺贴。该种方式相对而言比较费砖、费工。

仿古砖斜铺时最好留宽缝，留缝为3～8mm，这样能够体现出仿古砖的古朴感觉。另外，勾缝剂可以选择与仿古砖砖体颜色接近的勾缝剂，也可以选择有反差的勾缝剂。

菱形斜铺法如图5-10所示。

> **提醒**
>
> 菱形斜铺设法适合小面积点缀，适用于欧式、中式风格，也适用于现代简约风格。菱形斜铺设法其实也是一种错位法。

仿古砖最常用呈45°的斜铺法

图5-10

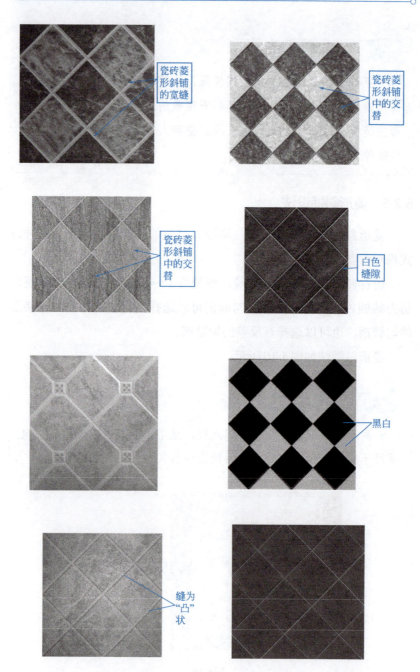

图 5-10 菱形斜铺法

## 5.2.6 组拼法

瓷砖组拼法就是大小瓷砖都有,具有图案分明、花样丰富等特点。瓷砖组拼法重在组合,因此,组合类型多时瓷砖组拼法类型也多。

瓷砖组拼法适合于欧式风格、乡村风格,铺贴方式丰富。瓷砖组拼法一般可以用颜色略深于所铺主体瓷砖的大理石或瓷砖在地面四周围以15cm左右的围边。这样铺贴效果让人感觉用材更加精致,并能烘托出空间的气氛。组拼法图例如图5-11所示。

提醒

如果需要突破传统,舍弃旧的理念、思想,瓷砖组拼法是不错的选择。瓷砖组拼法用于家装的客厅、餐厅、走廊、入门玄关处,可作为重点设计。

图 5-11　组拼法图例

### 5.2.7 不规则法

瓷砖不规则铺法就是随意铺，不要求根据规定的设计，不需要理会形状进行铺贴。瓷砖不规则铺法铺贴效果具有线条自然、线条比较多样、乱而有形、比较灵活等特点。不规则法图例如图 5-12 所示。

图 5-12　不规则法图例

> **提醒**
>
> 瓷砖不规则铺法一般只针对小面积铺设，一般适合于休闲区域使用。地面面积过小的，最好考虑选择小尺寸的地砖（瓷砖），而不应该选择大尺寸的地砖（瓷砖）。瓷砖进行铺设前，最好有铺设图纸或者考虑好铺设效果。

## 5.2.8 其他铺法

其他铺法如图5-13所示。

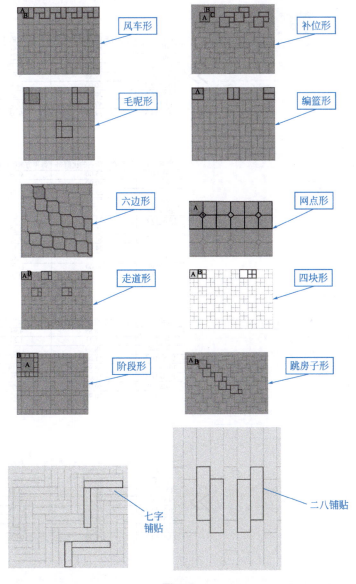

图5-13

砖形

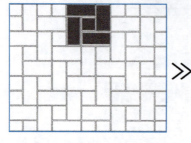

| 规格/cm | 每平方米所占的比例/% | 每平方米的片数/片 |
| --- | --- | --- |
| 30×60 | 80.00 | 4.44 |
| 30×30 | 20.00 | 2.22 |
| 19.8×40 | 80.16 | 10.12 |
| 19.8×19.8 | 19.84 | 5.06 |
| 16.5×33.3 | 80.00 | 14.59 |
| 16.5×16.5 | 20.00 | 7.29 |
| 14.8×30 | 80.21 | 18.07 |
| 14.8×14.8 | 19.79 | 9.03 |

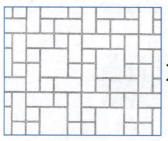

| 规格/cm | 每平方米所占的比例/% | 每平方米的片数/片 |
| --- | --- | --- |
| 60×60 | 25.00 | 0.69 |
| 30×60 | 50.00 | 2.78 |
| 30×30 | 25.00 | 2.78 |
| 40×40 | 25.25 | 1.58 |
| 19.8×40 | 50.00 | 6.31 |
| 19.8×19.8 | 24.75 | 6.31 |
| 33.3×33.3 | 25.23 | 2.27 |
| 16.5×33.3 | 50.00 | 9.10 |
| 16.5×16.5 | 24.77 | 9.10 |
| 30×30 | 25.34 | 2.82 |
| 14.8×30 | 50.00 | 11.26 |
| 14.8×14.8 | 24.67 | 11.26 |

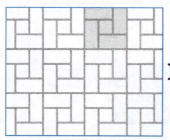

| 规格/cm | 每平方米所占的比例/% | 每平方米的片数/片 |
| --- | --- | --- |
| 30×60 | 88.89 | 4.94 |
| 30×30 | 11.11 | 1.23 |
| 19.8×40 | 88.99 | 11.24 |
| 19.8×19.8 | 11.01 | 2.81 |
| 16.5×33.3 | 88.98 | 16.19 |
| 16.5×16.5 | 11.02 | 4.05 |
| 14.8×30 | 89.02 | 20.05 |
| 14.8×14.8 | 10.98 | 5.01 |

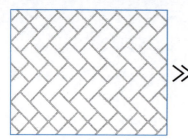

| 规格/cm | 每平方米所占的比例/% | 每平方米的片数/片 |
| --- | --- | --- |
| 30×60 | 80.00 | 4.44 |
| 30×30 | 20.00 | 2.22 |
| 19.8×40 | 80.16 | 10.12 |
| 19.8×19.8 | 19.84 | 5.06 |
| 16.5×33.3 | 80.00 | 14.88 |
| 16.5×16.5 | 20.00 | 7.35 |
| 14.8×30 | 80.21 | 18.07 |
| 14.8×14.8 | 19.79 | 9.03 |

第5章 瓷砖拼排与施工轻松通

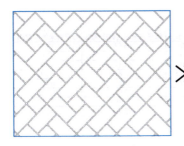

| 规格/cm | 每平方米所占的比例/% | 每平方米的片数/片 |
|---|---|---|
| 30×60 | 80.00 | 4.44 |
| 30×30 | 20.00 | 2.22 |
| 19.8×40 | 80.16 | 10.12 |
| 19.8×19.8 | 19.84 | 5.06 |
| 16.5×33.3 | 80.14 | 14.59 |
| 16.5×16.5 | 19.80 | 7.29 |
| 14.8×30 | 80.21 | 18.07 |
| 14.8×14.8 | 19.79 | 9.03 |

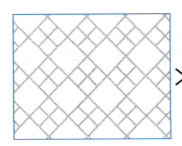

| 规格/cm | 每平方米所占的比例/% | 每平方米的片数/片 |
|---|---|---|
| 60×60 | 50.00 | 1.39 |
| 30×30 | 50.00 | 5.56 |
| 40×40 | 50.50 | 3.16 |
| 19.8×19.8 | 49.50 | 12.63 |
| 33.3×33.3 | 50.45 | 4.55 |
| 16.5×16.5 | 49.55 | 18.20 |
| 30×30 | 50.67 | 5.63 |
| 14.8×14.8 | 49.33 | 22.52 |

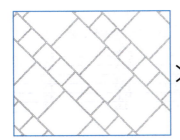

| 规格/cm | 每平方米所占的比例/% | 每平方米的片数/片 |
|---|---|---|
| 60×60 | 66.67 | 1.85 |
| 30×30 | 33.33 | 3.70 |
| 40×40 | 67.11 | 4.19 |
| 19.8×19.8 | 32.89 | 8.39 |
| 33.3×33.3 | 67.07 | 6.05 |
| 16.5×16.5 | 32.83 | 12.10 |
| 30×30 | 67.26 | 7.47 |
| 14.8×14.8 | 32.74 | 14.95 |

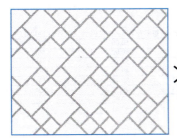

| 规格/cm | 每平方米所占的比例/% | 每平方米的片数/片 |
|---|---|---|
| 60×60 | 57.14 | 1.59 |
| 30×60 | 42.86 | 2.38 |
| 40×40 | 57.39 | 3.59 |
| 19.8×40 | 42.61 | 5.38 |
| 33.3×33.3 | 57.36 | 5.17 |
| 16.5×33.3 | 42.64 | 7.76 |
| 30×30 | 57.47 | 6.39 |
| 14.8×30 | 42.53 | 9.58 |

图 5-13

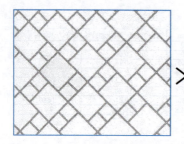

| 规格/cm | 每平方米所占的比例/% | 每平方米的片数/片 |
|---|---|---|
| 60×60 | 66.67 | 18.5 |
| 30×30 | 33.33 | 3.70 |
| 40×40 | 67.11 | 4.19 |
| 19.8×19.8 | 32.89 | 8.39 |
| 33.3×33.3 | 67.07 | 6.05 |
| 16.5×16.5 | 32.93 | 12.10 |
| 30×30 | 67.26 | 7.47 |
| 14.8×14.8 | 32.74 | 14.95 |

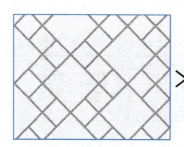

| 规格/cm | 每平方米所占的比例/% | 每平方米的片数/片 |
|---|---|---|
| 60×60 | 64.00 | 1.78 |
| 30×30 | 36.00 | 4.00 |
| 40×40 | 64.46 | 4.03 |
| 19.8×19.8 | 35.54 | 9.06 |
| 33.3×33.3 | 64.42 | 5.81 |
| 16.5×16.5 | 35.58 | 13.07 |
| 30×30 | 64.62 | 7.18 |
| 14.8×14.8 | 35.38 | 16.15 |

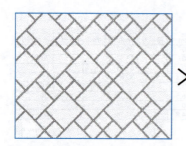

| 规格/cm | 每平方米所占的比例/% | 每平方米的片数/片 |
|---|---|---|
| 60×60 | 57.14 | 1.59 |
| 30×60 | 42.86 | 2.38 |
| 40×40 | 57.39 | 3.59 |
| 19.8×40 | 42.61 | 5.38 |
| 33.3×33.3 | 57.36 | 5.17 |
| 16.5×33.3 | 42.64 | 7.76 |
| 30×30 | 57.47 | 6.39 |
| 14.8×30 | 42.53 | 9.58 |

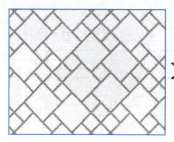

| 规格/cm | 每平方米所占的比例/% | 每平方米的片数/片 |
|---|---|---|
| 60×60 | 50.00 | 1.39 |
| 30×30 | 50.00 | 5.56 |
| 40×40 | 50.50 | 3.16 |
| 19.8×19.8 | 49.50 | 12.63 |
| 33.3×33.3 | 50.45 | 4.55 |
| 16.5×16.5 | 49.55 | 18.20 |
| 30×30 | 50.67 | 5.63 |
| 14.8×14.8 | 49.33 | 22.52 |

第5章　瓷砖拼排与施工轻松通

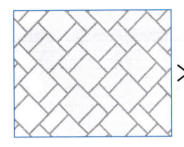

| 规格/cm | 每平方米所占的比例/% | 每平方米的片数/片 |
|---|---|---|
| 60×60 | 66.67 | 1.85 |
| 30×30 | 33.33 | 3.70 |
| 40×40 | 67.11 | 4.19 |
| 19.8×19.8 | 32.89 | 8.39 |
| 33.3×33.3 | 67.07 | 6.05 |
| 16.5×16.5 | 32.93 | 12.10 |
| 30×30 | 67.26 | 7.47 |
| 14.8×14.8 | 32.74 | 14.95 |

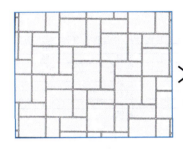

| 规格/cm | 每平方米所占的比例/% | 每平方米的片数/片 |
|---|---|---|
| 60×60 | 50.00 | 1.39 |
| 30×60 | 50.00 | 2.78 |
| 40×40 | 50.25 | 3.14 |
| 19.8×40 | 49.75 | 6.28 |
| 33.3×33.3 | 50.23 | 4.53 |
| 16.5×33.3 | 50.77 | 9.06 |
| 30×30 | 50.34 | 5.59 |
| 14.8×30 | 49.66 | 11.19 |

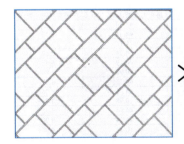

| 规格/cm | 每平方米所占的比例/% | 每平方米的片数/片 |
|---|---|---|
| 60×60 | 66.67 | 1.85 |
| 30×60 | 33.33 | 1.85 |
| 40×40 | 66.89 | 4.18 |
| 19.8×40 | 33.11 | 4.18 |
| 33.3×33.3 | 66.87 | 6.03 |
| 16.5×33.3 | 33.13 | 6.03 |
| 30×30 | 66.96 | 7.44 |
| 14.8×30 | 33.04 | 7.44 |

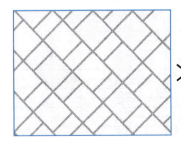

| 规格/cm | 每平方米所占的比例/% | 每平方米的片数/片 |
|---|---|---|
| 60×60 | 66.67 | 1.85 |
| 30×60 | 33.33 | 1.85 |
| 40×40 | 66.89 | 4.18 |
| 19.8×40 | 33.11 | 4.18 |
| 33.3×33.3 | 66.87 | 6.03 |
| 16.5×33.3 | 33.13 | 6.03 |
| 30×30 | 66.96 | 7.44 |
| 14.8×30 | 33.04 | 7.44 |

图5-13

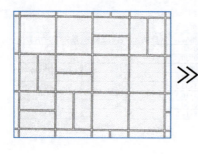

| 规格/cm | 每平方米所占的比例/% | 每平方米的片数/片 |
|---|---|---|
| 60×60 | 50.00 | 1.39 |
| 30×60 | 50.00 | 2.78 |
| 40×40 | 50.25 | 3.14 |
| 19.8×40 | 49.75 | 6.28 |
| 33.3×33.3 | 50.23 | 4.53 |
| 16.5×33.3 | 49.77 | 9.06 |
| 30×30 | 50.34 | 5.59 |
| 14.8×30 | 49.66 | 11.19 |

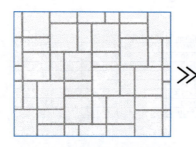

| 规格/cm | 每平方米所占的比例/% | 每平方米的片数/片 |
|---|---|---|
| 60×60 | 66.67 | 1.85 |
| 30×60 | 33.33 | 1.85 |
| 40×40 | 66.89 | 4.18 |
| 19.8×40 | 33.11 | 4.18 |
| 33.3×33.3 | 66.87 | 6.03 |
| 16.5×33.3 | 33.13 | 6.03 |
| 30×30 | 66.96 | 7.44 |
| 14.8×30 | 33.04 | 7.44 |

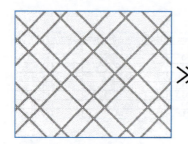

| 规格/cm | 每平方米所占的比例/% | 每平方米的片数/片 |
|---|---|---|
| 60×60 | 44.44 | 1.23 |
| 30×60 | 44.44 | 2.47 |
| 30×30 | 11.11 | 1.23 |
| 40×40 | 44.74 | 2.80 |
| 19.8×40 | 44.29 | 5.59 |
| 19.8×19.8 | 10.96 | 2.80 |
| 33.3×33.3 | 44.71 | 4.03 |
| 16.5×33.3 | 44.31 | 8.06 |
| 16.5×16.5 | 10.98 | 4.03 |
| 30×30 | 44.84 | 4.98 |
| 14.8×30 | 44.24 | 9.96 |
| 14.8×14.8 | 10.91 | 4.98 |

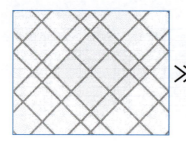

| 规格/cm | 每平方米所占的比例/% | 每平方米的片数/片 |
|---|---|---|
| 60×60 | 64.00 | 1.78 |
| 30×60 | 32.00 | 1.78 |
| 30×30 | 4.00 | 0.44 |
| 40×40 | 64.26 | 4.02 |
| 19.8×40 | 31.81 | 4.02 |
| 19.8×19.8 | 3.94 | 1.00 |
| 33.3×33.3 | 64.23 | 5.79 |
| 16.5×33.3 | 31.83 | 5.79 |
| 16.5×16.5 | 3.94 | 1.45 |
| 30×30 | 64.34 | 7.15 |
| 14.8×30 | 31.74 | 7.15 |
| 14.8×14.8 | 3.91 | 1.79 |

## 第5章 瓷砖拼排与施工轻松通

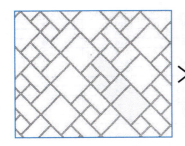

| 规格/cm | 每平方米所占的比例/% | 每平方米的片数/片 |
|---|---|---|
| 60×60 | 40.00 | 1.11 |
| 30×60 | 40.00 | 2.22 |
| 30×30 | 20.00 | 2.22 |
| 40×40 | 40.32 | 2.52 |
| 19.8×40 | 39.92 | 5.04 |
| 19.8×19.8 | 19.76 | 5.04 |
| 33.3×33.3 | 40.29 | 3.63 |
| 16.5×33.3 | 39.93 | 7.27 |
| 16.5×16.5 | 19.78 | 7.27 |
| 30×30 | 40.43 | 4.49 |
| 14.8×30 | 39.89 | 8.98 |
| 14.8×14.8 | 19.68 | 8.98 |

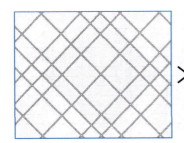

| 规格/cm | 每平方米所占的比例/% | 每平方米的片数/片 |
|---|---|---|
| 60×60 | 44.44 | 1.23 |
| 30×60 | 44.44 | 2.47 |
| 30×30 | 11.11 | 1.23 |
| 40×40 | 44.74 | 2.80 |
| 19.8×40 | 44.29 | 5.59 |
| 19.8×19.8 | 10.96 | 2.80 |
| 33.3×33.3 | 44.71 | 4.03 |
| 16.5×33.3 | 44.31 | 8.06 |
| 16.5×16.5 | 10.98 | 4.03 |
| 30×30 | 44.84 | 4.98 |
| 14.8×30 | 44.24 | 9.96 |
| 14.8×14.8 | 10.91 | 4.98 |

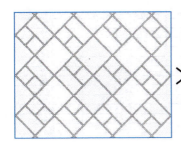

| 规格/cm | 每平方米所占的比例/% | 每平方米的片数/片 |
|---|---|---|
| 60×60 | 50.00 | 1.39 |
| 30×60 | 25.00 | 1.39 |
| 30×30 | 25.00 | 2.78 |
| 40×40 | 50.38 | 3.15 |
| 19.8×40 | 24.94 | 3.15 |
| 19.8×19.8 | 24.69 | 6.30 |
| 33.3×33.3 | 50.34 | 4.54 |
| 16.5×33.3 | 24.94 | 4.54 |
| 16.5×18.5 | 24.72 | 9.08 |
| 33×30 | 50.50 | 5.81 |
| 14.8×30 | 24.91 | 5.81 |
| 14.8×14.8 | 24.58 | 11.22 |

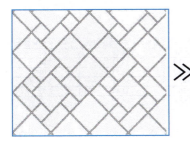

| 规格/cm | 每平方米所占的比例/% | 每平方米的片数/片 |
|---|---|---|
| 60×60 | 62.50 | 1.74 |
| 30×60 | 25.00 | 1.39 |
| 30×30 | 12.50 | 1.39 |
| 40×40 | 62.81 | 3.93 |
| 19.8×40 | 24.87 | 3.14 |
| 19.8×19.8 | 12.31 | 3.14 |
| 33.3×33.3 | 62.78 | 5.65 |
| 16.5×33.3 | 24.89 | 4.53 |
| 16.5×16.5 | 12.33 | 4.53 |
| 30×30 | 62.82 | 6.99 |
| 14.8×30 | 24.83 | 5.59 |
| 14.8×14.8 | 12.25 | 5.59 |

**图5-13**

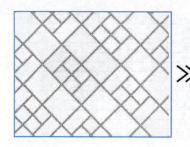

| 规格/cm | 每平方米所占的比例/% | 每平方米的片数/片 |
|---|---|---|
| 60×60 | 50.00 | 1.39 |
| 30×60 | 25.00 | 1.39 |
| 30×30 | 25.00 | 2.78 |
| 40×40 | 50.38 | 3.15 |
| 19.8×40 | 24.94 | 3.15 |
| 19.8×19.8 | 24.69 | 6.30 |
| 33.3×33.3 | 50.34 | 4.54 |
| 16.5×33.3 | 24.94 | 4.54 |
| 16.5×16.5 | 24.72 | 9.08 |
| 30×30 | 50.50 | 5.61 |
| 14.8×30 | 24.91 | 5.61 |
| 14.8×14.8 | 24.58 | 11.22 |

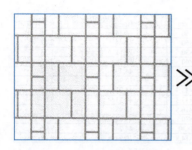

| 规格/cm | 每平方米所占的比例/% | 每平方米的片数/片 |
|---|---|---|
| 60×60 | 50.00 | 1.39 |
| 30×60 | 37.50 | 2.08 |
| 30×30 | 12.50 | 1.39 |
| 40×40 | 50.31 | 3.14 |
| 19.8×40 | 37.36 | 4.72 |
| 19.8×19.8 | 12.33 | 3.14 |
| 33.3×33.3 | 50.28 | 4.53 |
| 16.5×33.3 | 37.37 | 6.80 |
| 16.5×16.5 | 12.35 | 4.53 |
| 30×30 | 50.42 | 5.60 |
| 14.8×30 | 37.31 | 8.40 |
| 14.8×14.8 | 12.27 | 5.60 |

| 规格/cm | 每平方米所占的比例/% | 每平方米的片数/片 |
|---|---|---|
| 60×60 | 57.14 | 1.59 |
| 30×60 | 28.57 | 1.59 |
| 30×30 | 14.29 | 1.59 |
| 40×40 | 57.47 | 3.59 |
| 19.8×40 | 28.45 | 3.59 |
| 19.8×19.8 | 14.08 | 3.59 |
| 33.3×33.3 | 57.44 | 5.18 |
| 16.5×33.3 | 28.46 | 5.18 |
| 16.5×16.5 | 14.10 | 5.18 |
| 30×30 | 57.58 | 6.40 |
| 14.8×30 | 28.41 | 6.40 |
| 14.8×14.8 | 14.01 | 6.40 |

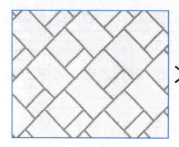

| 规格/cm | 每平方米所占的比例/% | 每平方米的片数/片 |
|---|---|---|
| 33.3×50 | 50.10 | 3.01 |
| 33.3×33.3 | 33.37 | 3.01 |
| 16.5×33.3 | 16.53 | 3.01 |
| 30×45 | 50.17 | 3.72 |
| 30×30 | 33.44 | 3.72 |
| 14.7×30 | 16.39 | 3.72 |

第5章　瓷砖拼排与施工轻松通

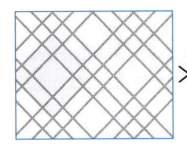

| 规格/cm | 每平方米所占的比例/% | 每平方米的片数/片 |
|---|---|---|
| 60×60 | 25.00 | 0.69 |
| 30×60 | 50.00 | 2.78 |
| 30×30 | 25.00 | 2.78 |
| 40×40 | 25.25 | 1.58 |
| 19.8×40 | 50.00 | 6.31 |
| 19.8×19.8 | 24.75 | 6.31 |
| 33.3×33.3 | 25.23 | 2.27 |
| 16.5×33.3 | 50.00 | 9.10 |
| 16.5×16.5 | 24.77 | 9.10 |
| 30×30 | 25.34 | 2.82 |
| 14.8×30 | 50.00 | 11.26 |
| 14.8×14.8 | 24.67 | 11.26 |

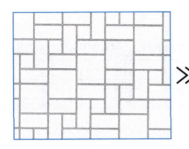

| 规格/cm | 每平方米所占的比例/% | 每平方米的片数/片 |
|---|---|---|
| 60×60 | 36.36 | 1.01 |
| 30×60 | 54.55 | 3.03 |
| 30×30 | 9.09 | 1.01 |
| 40×40 | 36.63 | 2.29 |
| 19.8×40 | 54.40 | 6.87 |
| 19.8×19.8 | 8.98 | 2.29 |
| 33.3×33.3 | 36.60 | 3.30 |
| 16.5×33.3 | 54.41 | 9.90 |
| 16.5×16.5 | 8.99 | 3.30 |
| 30×30 | 36.72 | 4.08 |
| 14.8×30 | 54.34 | 12.24 |
| 14.8×14.8 | 8.94 | 4.08 |

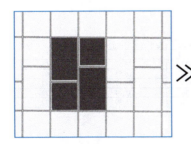

| 规格/cm | 每平方米所占的比例/% | 每平方米的片数/片 |
|---|---|---|
| 33.3×50 | 60.02 | 3.61 |
| 33.3×33.3 | 39.98 | 3.61 |
| 30×45 | 60.00 | 4.44 |
| 30×30 | 40.00 | 4.44 |

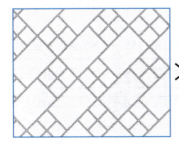

| 规格/cm | 每平方米所占的比例/% | 每平方米的片数/片 |
|---|---|---|
| 33.3×50 | 60.46 | 3.63 |
| 16.5×16.5 | 39.54 | 14.52 |
| 30×45 | 60.97 | 4.52 |
| 14.7×14.7 | 39.03 | 18.06 |

图5-13

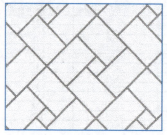

| 规格/cm | 每平方米所占的比例/% | 每平方米的片数/片 |
|---|---|---|
| 33.3×50 | 97.07 | 5.77 |
| 16.5×16.5 | 3.93 | 1.44 |
| 30×45 | 98.15 | 7.12 |
| 14.7×14.7 | 3.85 | 1.78 |

| 规格/cm | 每平方米所占的比例/% | 每平方米的片数/片 |
|---|---|---|
| 33.3×50 | 66.96 | 4.02 |
| 16.5×33.3 | 22.10 | 4.02 |
| 16.5×16.5 | 10.95 | 4.02 |
| 30×45 | 67.26 | 4.98 |
| 14.7×30 | 21.97 | 4.98 |
| 14.7×14.7 | 10.77 | 4.98 |

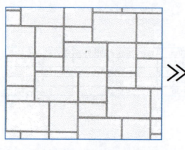

| 规格/cm | 每平方米所占的比例/% | 每平方米的片数/片 |
|---|---|---|
| 33.3×50 | 50.10 | 3.01 |
| 33.3×33.3 | 33.37 | 3.01 |
| 16.5×33.3 | 16.53 | 3.01 |
| 30×45 | 50.17 | 3.72 |
| 30×30 | 33.44 | 3.72 |
| 14.7×30 | 16.39 | 3.72 |

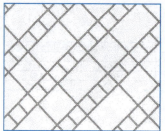

| 规格/cm | 每平方米所占的比例/% | 每平方米的片数/片 |
|---|---|---|
| 33.3×50 | 40.26 | 2.42 |
| 33.3×33.3 | 26.82 | 2.42 |
| 16.5×16.5 | 32.92 | 12.09 |
| 30×45 | 40.54 | 3.00 |
| 30×30 | 27.02 | 3.00 |
| 14.7×14.7 | 32.44 | 15.01 |

# 第5章　瓷砖拼排与施工轻松通

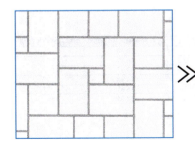

| 规格/cm | 每平方米所占的比例/% | 每平方米的片数/片 |
|---|---|---|
| 33.3×50 | 82.82 | 4.97 |
| 33.3×33.3 | 13.79 | 1.24 |
| 16.5×16.5 | 3.39 | 1.24 |
| 30×45 | 82.87 | 6.14 |
| 30×30 | 13.81 | 1.53 |
| 14.7×14.7 | 3.32 | 1.53 |

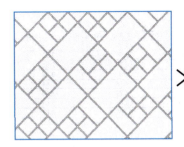

| 规格/cm | 每平方米所占的比例/% | 每平方米的片数/片 |
|---|---|---|
| 33.3×50 | 60.40 | 3.03 |
| 16.5×33.3 | 16.63 | 3.03 |
| 16.5×16.5 | 32.97 | 12.11 |
| 30.45 | 50.84 | 3.77 |
| 14.7×30 | 16.61 | 3.77 |
| 14.7×14.7 | 32.55 | 15.06 |

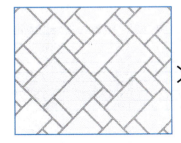

| 规格/cm | 每平方米所占的比例/% | 每平方米的片数/片 |
|---|---|---|
| 33.3×50 | 70.83 | 4.25 |
| 16.5×33.3 | 23.38 | 4.25 |
| 16.5×16.5 | 5.79 | 2.13 |
| 30×45 | 70.92 | 5.27 |
| 14.7×30 | 23.22 | 5.27 |
| 14.7×14.7 | 5.69 | 2.63 |

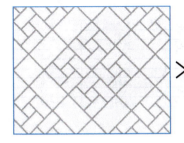

| 规格/cm | 每平方米所占的比例/% | 每平方米的片数/片 |
|---|---|---|
| 33.3×50 | 37.74 | 2.27 |
| 33.3×33.3 | 6.28 | 0.54 |
| 16.5×33.3 | 49.81 | 9.07 |
| 16.5×16.5 | 6.17 | 2.27 |
| 30×45 | 37.97 | 2.81 |
| 30×30 | 6.33 | 2.81 |
| 14.7×30 | 49.62 | 11.25 |
| 14.7×14.7 | 6.08 | 2.81 |

图 5-13

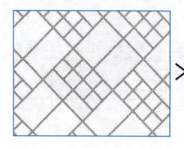

| 规格/cm | 每平方米所占的比例/% | 每平方米的片数/片 |
|---|---|---|
| 33.3×50 | 50.40 | 3.03 |
| 16.5×33.3 | 16.63 | 3.03 |
| 16.5×16.5 | 32.97 | 12.11 |
| 30×45 | 50.84 | 3.77 |
| 14.7×30 | 16.61 | 3.77 |
| 14.7×14.7 | 32.55 | 15.06 |

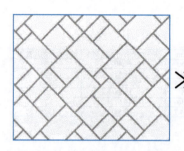

| 规格/cm | 每平方米所占的比例/% | 每平方米的片数/片 |
|---|---|---|
| 33.3×50 | 49.09 | 2.95 |
| 33.3×33.3 | 32.70 | 2.95 |
| 16.5×33.3 | 16.20 | 2.95 |
| 16.5×16.5 | 2.01 | 0.74 |
| 30×45 | 49.18 | 3.64 |
| 30×30 | 32.79 | 3.64 |
| 14.7×30 | 16.07 | 3.64 |
| 14.7×14.7 | 1.97 | 0.91 |

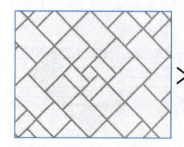

| 规格/cm | 每平方米所占的比例/% | 每平方米的片数/片 |
|---|---|---|
| 33.3×50 | 49.09 | 2.95 |
| 33.3×33.3 | 32.70 | 2.95 |
| 16.5×33.3 | 16.20 | 2.95 |
| 16.5×16.5 | 2.01 | 0.74 |
| 30×45 | 47.47 | 3.52 |
| 30×30 | 35.13 | 3.52 |
| 14.7×30 | 15.51 | 3.52 |
| 14.7×14.7 | 1.90 | 0.88 |

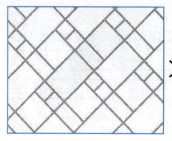

| 规格/cm | 每平方米所占的比例/% | 每平方米的片数/片 |
|---|---|---|
| 33.3×50 | 43.05 | 2.59 |
| 33.3×33.3 | 28.67 | 2.59 |
| 16.5×33.3 | 14.21 | 2.59 |
| 16.5×16.5 | 14.08 | 5.17 |
| 30×45 | 43.23 | 5.20 |
| 30×30 | 28.82 | 3.20 |
| 14.7×30 | 14.12 | 3.20 |
| 14.7×14.7 | 13.84 | 6.40 |

# 第5章 瓷砖拼排与施工轻松通

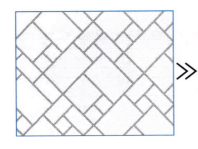

| 规格/cm | 每平方米所占的比例/% | 每平方米的片数/片 |
|---|---|---|
| 33.3×50 | 48.23 | 2.90 |
| 33.3×33.3 | 16.06 | 1.45 |
| 16.5×33.3 | 23.88 | 4.35 |
| 16.5×16.5 | 11.83 | 4.35 |
| 30×45 | 48.48 | 3.59 |
| 30×30 | 16.15 | 1.79 |
| 14.7×30 | 23.75 | 5.38 |
| 14.7×14.7 | 11.64 | 5.38 |

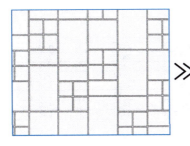

| 规格/cm | 每平方米所占的比例/% | 每平方米的片数/片 |
|---|---|---|
| 33.3×50 | 43.16 | 2.59 |
| 33.3×33.3 | 14.37 | 1.30 |
| 16.5×33.3 | 14.24 | 2.59 |
| 16.5×16.5 | 28.23 | 10.37 |
| 30×45 | 43.47 | 3.22 |
| 30×30 | 14.49 | 1.61 |
| 14.7×30 | 14.20 | 3.22 |
| 14.7×14.7 | 27.83 | 12.88 |

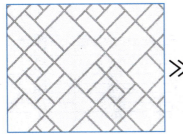

| 规格/cm | 每平方米所占的比例/% | 每平方米的片数/片 |
|---|---|---|
| 33.3×50 | 25.17 | 1.51 |
| 33.3×33.3 | 16.76 | 1.51 |
| 16.5×33.3 | 49.84 | 9.07 |
| 16.5×16.5 | 8.23 | 3.02 |
| 30×45 | 25.34 | 1.88 |
| 30×30 | 16.89 | 1.88 |
| 14.7×30 | 49.66 | 11.26 |
| 14.7×14.7 | 8.11 | 3.75 |

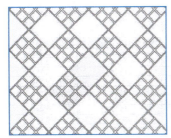

| 规格/cm | 每平方米所占的比例/% | 每平方米的片数/片 |
|---|---|---|
| 30×30 | 51.52 | 5.72 |
| 9.7×9.7 | 48.48 | 51.52 |

图5-13

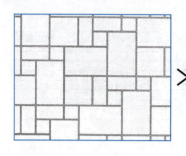

| 规格/cm | 每平方米所占的比例/% | 每平方米的片数/片 |
| --- | --- | --- |
| 33.3×50 | 54.75 | 3.29 |
| 33.3×33.3 | 18.23 | 1.64 |
| 16.5×33.3 | 18.07 | 3.29 |
| 16.5×16.5 | 8.95 | 3.29 |
| 30×45 | 54.94 | 4.07 |
| 30×30 | 18.31 | 2.03 |
| 14.7×30 | 17.95 | 4.07 |
| 14.7×14.7 | 8.79 | 4.07 |

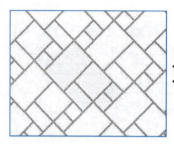

| 规格/cm | 每平方米所占的比例/% | 每平方米的片数/片 |
| --- | --- | --- |
| 33.3×50 | 43.05 | 2.59 |
| 33.3×33.3 | 28.67 | 2.59 |
| 16.5×33.3 | 14.21 | 2.59 |
| 16.5×16.5 | 14.08 | 5.17 |
| 30×45 | 43.23 | 3.20 |
| 30×30 | 28.82 | 3.20 |
| 14.7×30 | 14.12 | 3.20 |
| 14.7×14.7 | 13.84 | 6.40 |

| 规格/cm | 每平方米所占的比例/% | 每平方米的片数/片 |
| --- | --- | --- |
| 33.3×50 | 46.31 | 2.78 |
| 33.3×33.3 | 30.84 | 2.78 |
| 16.5×33.3 | 15.28 | 2.78 |
| 16.5×16.5 | 7.57 | 2.78 |
| 30×45 | 46.44 | 3.44 |
| 30×30 | 30.96 | 3.44 |
| 14.7×30 | 15.17 | 3.44 |
| 14.7×14.7 | 7.43 | 3.44 |

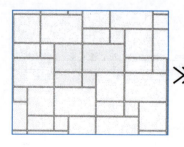

| 规格/cm | 每平方米所占的比例/% | 每平方米的片数/片 |
| --- | --- | --- |
| 33.3×50 | 46.31 | 2.78 |
| 33.3×33.3 | 30.84 | 2.78 |
| 16.5×33.3 | 15.28 | 2.78 |
| 16.5×16.5 | 7.57 | 2.78 |
| 30×45 | 46.44 | 3.44 |
| 30×30 | 30.96 | 3.44 |
| 14.7×30 | 15.17 | 3.44 |
| 14.7×14.7 | 7.43 | 3.44 |

## 第5章 瓷砖拼排与施工轻松通

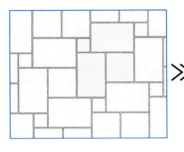

| 规格/cm | 每平方米所占的比例/% | 每平方米的片数/片 |
|---|---|---|
| 33.3×50 | 70.68 | 4.25 |
| 33.3×33.3 | 23.54 | 2.12 |
| 16.5×16.5 | 5.78 | 2.12 |
| 30×45 | 70.75 | 5.24 |
| 30×30 | 23.58 | 2.62 |
| 14.7×14.7 | 5.66 | 2.62 |

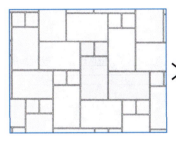

| 规格/cm | 每平方米所占的比例/% | 每平方米的片数/片 |
|---|---|---|
| 33.3×50 | 85.95 | 5.16 |
| 16.5×16.5 | 14.05 | 5.16 |
| 30×45 | 86.20 | 6.39 |
| 14.7×14.7 | 13.80 | 6.39 |

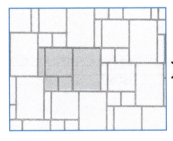

| 规格/cm | 每平方米所占的比例/% | 每平方米的片数/片 |
|---|---|---|
| 30×45 | 46.44 | 3.44 |
| 30×30 | 30.96 | 3.44 |
| 14.7×14.7 | 14.87 | 6.88 |
| 7.5×30 | 7.74 | 3.44 |

| 规格/cm | 每平方米所占的比例/% | 每平方米的片数/片 |
|---|---|---|
| 30×45 | 40.32 | 2.99 |
| 30×30 | 26.88 | 2.99 |
| 14.7×14.7 | 19.36 | 8.96 |
| 7.5×30 | 13.44 | 5.97 |

图5-13

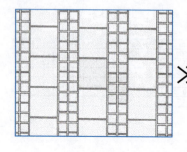

| 规格/cm | 每平方米所占的比例/% | 每平方米的片数/片 |
|---|---|---|
| 30×30 | 61.54 | 6.83 |
| 9.7×9.7 | 38.55 | 40.97 |

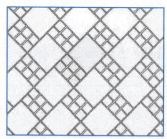

| 规格/cm | 每平方米所占的比例/% | 每平方米的片数/片 |
|---|---|---|
| 30×30 | 61.45 | 6.83 |
| 9.7×9.7 | 38.55 | 40.97 |

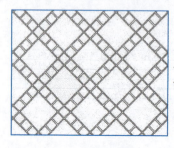

| 规格/cm | 每平方米所占的比例/% | 每平方米的片数/片 |
|---|---|---|
| 30×30 | 57.74 | 6.42 |
| 9.7×9.7 | 42.26 | 44.91 |

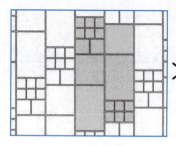

| 规格/cm | 每平方米所占的比例/% | 每平方米的片数/片 |
|---|---|---|
| 30×45 | 41.58 | 3.08 |
| 30×30 | 27.72 | 3.08 |
| 14.7×14.7 | 13.31 | 6.16 |
| 9.7×9.7 | 17.39 | 18.48 |

第5章　瓷砖拼排与施工轻松通

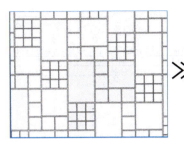

| 规格/cm | 每平方米所占的比例/% | 每平方米的片数/片 |
| --- | --- | --- |
| 30×45 | 32.32 | 2.39 |
| 30×30 | 21.55 | 2.39 |
| 14.7×14.7 | 25.87 | 11.97 |
| 9.7×9.7 | 20.27 | 21.55 |

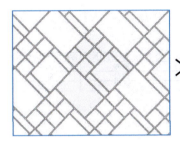

| 规格/cm | 每平方米所占的比例/% | 每平方米的片数/片 |
| --- | --- | --- |
| 30×45 | 33.78 | 2.50 |
| 30×30 | 22.52 | 2.50 |
| 14.7×14.7 | 32.44 | 15.01 |
| 7.5×30 | 11.26 | 5.00 |

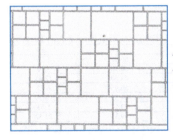

| 规格/cm | 每平方米所占的比例/% | 每平方米的片数/片 |
| --- | --- | --- |
| 30×45 | 35.26 | 2.61 |
| 30×30 | 23.51 | 2.61 |
| 14.7×14.7 | 33.86 | 15.67 |
| 9.7×9.7 | 7.37 | 7.84 |

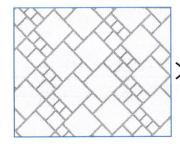

| 规格/cm | 每平方米所占的比例/% | 每平方米的片数/片 |
| --- | --- | --- |
| 30×30 | 65.92 | 7.32 |
| 14.7×14.7 | 23.74 | 10.99 |
| 9.7×9.7 | 10.34 | 10.99 |

图5-13

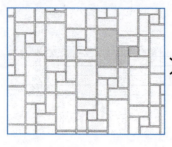

| 规格/cm | 每平方米所占的比例/% | 每平方米的片数/片 |
|---|---|---|
| 16.4×33.3 | 48.12 | 8.81 |
| 8×16.4 | 46.24 | 35.24 |
| 8×8 | 5.64 | 8.81 |

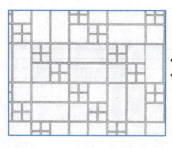

| 规格/cm | 每平方米所占的比例/% | 每平方米的片数/片 |
|---|---|---|
| 16.4×33.3 | 50.99 | 9.34 |
| 16.4×16.4 | 25.11 | 9.34 |
| 8×8 | 23.90 | 37.35 |

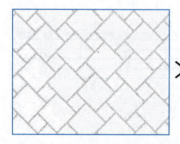

| 规格/cm | 每平方米所占的比例/% | 每平方米的片数/片 |
|---|---|---|
| 60×60 | 50.00 | 1.39 |
| 30×30 | 50.00 | 5.56 |
| 40×40 | 50.50 | 3.16 |
| 19.8×19.8 | 49.50 | 12.63 |
| 33.3×33.3 | 50.45 | 4.55 |
| 16.5×16.5 | 49.55 | 18.20 |
| 30×30 | 50.67 | 5.63 |
| 14.8×14.8 | 49.33 | 22.52 |

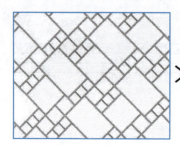

| 规格/cm | 每平方米所占的比例/% | 每平方米的片数/片 |
|---|---|---|
| 30×45 | 38.99 | 2.89 |
| 30×30 | 25.99 | 2.89 |
| 14.7×14.7 | 18.72 | 8.66 |
| 9.7×9.7 | 16.30 | 17.33 |

第5章　瓷砖拼排与施工轻松通

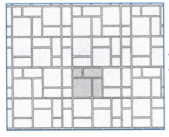

| 规格/cm | 每平方米所占的比例/% | 每平方米的片数/片 |
|---|---|---|
| 16.4×16.4 | 45.18 | 16.80 |
| 8×16.4 | 44.07 | 33.59 |
| 8×8 | 10.75 | 16.80 |

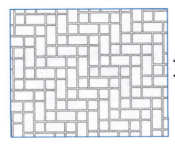

| 规格/cm | 每平方米所占的比例/% | 每平方米的片数/片 |
|---|---|---|
| 16.4×16.4 | 45.18 | 16.80 |
| 8×16.4 | 44.07 | 33.59 |
| 8×8 | 10.75 | 16.80 |

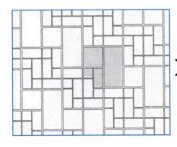

| 规格/cm | 每平方米所占的比例/% | 每平方米的片数/片 |
|---|---|---|
| 16.4×33.3 | 29.39 | 5.38 |
| 16.4×16.4 | 14.47 | 5.38 |
| 8×16.4 | 42.36 | 32.29 |
| 8×8 | 13.78 | 21.53 |

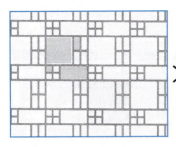

| 规格/cm | 每平方米所占的比例/% | 每平方米的片数/片 |
|---|---|---|
| 33.3×33.3 | 45.52 | 4.11 |
| 16.4×33.3 | 22.42 | 4.11 |
| 8×16.4 | 21.55 | 16.42 |
| 8×8 | 10.51 | 16.42 |

图5-13

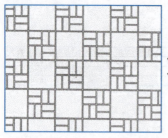

| 规格/cm | 每平方米所占的比例/% | 每平方米的片数/片 |
|---|---|---|
| 33.3×33.3 | 51.37 | 4.63 |
| 8×16.4 | 48.63 | 37.06 |

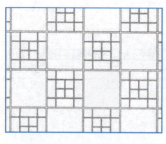

| 规格/cm | 每平方米所占的比例/% | 每平方米的片数/片 |
|---|---|---|
| 33.3×33.3 | 51.68 | 4.66 |
| 8×16.4 | 24.46 | 18.64 |
| 8×8 | 23.86 | 37.28 |

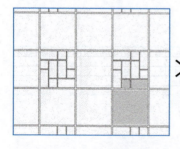

| 规格/cm | 每平方米所占的比例/% | 每平方米的片数/片 |
|---|---|---|
| 33.3×33.3 | 76.13 | 6.87 |
| 8×16.4 | 18.01 | 13.73 |
| 8×8 | 5.86 | 9.15 |

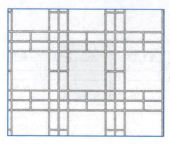

| 规格/cm | 每平方米所占的比例/% | 每平方米的片数/片 |
|---|---|---|
| 33.3×33.3 | 45.83 | 4.14 |
| 8×16.4 | 43.47 | 33.13 |
| 8×8 | 10.60 | 16.57 |

第5章　瓷砖拼排与施工轻松通

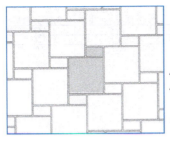

| 规格/cm | 每平方米所占的比例/% | 每平方米的片数/片 |
| --- | --- | --- |
| 33.3×33.3 | 89.42 | 8.06 |
| 8×16.4 | 10.58 | 8.06 |

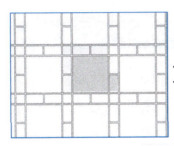

| 规格/cm | 每平方米所占的比例/% | 每平方米的片数/片 |
| --- | --- | --- |
| 33.3×33.3 | 89.42 | 8.06 |
| 8×16.4 | 10.58 | 8.06 |

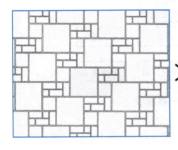

| 规格/cm | 每平方米所占的比例/% | 每平方米的片数/片 |
| --- | --- | --- |
| 33.3×33.3 | 58.38 | 5.26 |
| 16.4×33.3 | 14.16 | 5.26 |
| 8×16.4 | 20.72 | 15.79 |
| 8×8 | 6.74 | 10.53 |

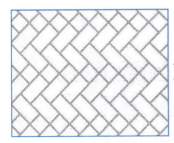

| 规格/cm | 每平方米所占的比例/% | 每平方米的片数/片 |
| --- | --- | --- |
| 30×60 | 80.00 | 4.44 |
| 30×30 | 20.00 | 2.22 |
| 19.8×40 | 80.16 | 10.12 |
| 19.8×19.8 | 19.84 | 5.06 |
| 16.5×33.3 | 80.00 | 14.69 |
| 16.5×16.5 | 20.00 | 7.35 |
| 14.8×30 | 80.21 | 18.07 |
| 14.8×14.8 | 19.79 | 9.03 |

图 5-13

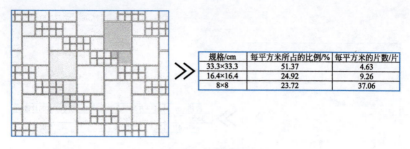

| 规格/cm | 每平方米所占的比例/% | 每平方米的片数/片 |
|---|---|---|
| 33.3×33.3 | 51.37 | 4.63 |
| 16.4×16.4 | 24.92 | 9.26 |
| 8×8 | 23.72 | 37.06 |

图5-13　其他铺法

## 5.3　瓷砖铺贴施工概述

### 5.3.1　装修施工流程

装修施工的一般流程如图5-14所示。

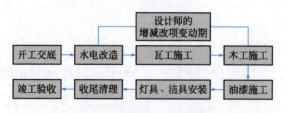

图5-14　装修施工的一般流程

### 5.3.2　瓦工施工流程

瓦工施工流程如图5-15所示。

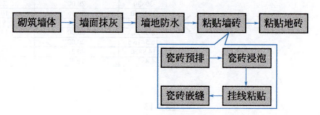

图5-15　瓦工施工流程

### 5.3.3 瓷砖胶的铺贴

瓷砖胶铺贴如图5-16所示。瓷砖胶可以分为普通型瓷砖胶、增强型瓷砖胶、适合铺贴较大尺寸瓷砖或大理石的瓷砖胶。普通型瓷砖胶适用于普通砂浆面的各种地面砖材与墙面小块砖材的粘贴。增强型瓷砖胶具有较强的黏结力，适用于黏结力要求较大的墙面瓷砖的粘贴。适合铺贴较大尺寸瓷砖或大理石的瓷砖胶黏结力大，能够抵御黏结层热胀冷缩产生的应力，适用于将瓷砖粘贴于石膏板、纤维板等板材的粘贴。

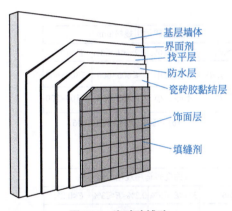

图5-16 瓷砖胶铺贴

### 5.3.4 瓷砖胶铺贴界面剂材料的选择

瓷砖胶铺贴界面剂材料的选择如图5-17所示。

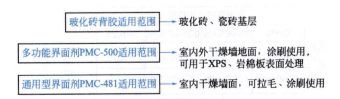

图5-17 瓷砖胶铺贴界面剂材料的选择

### 5.3.5 瓷砖胶黏铺结层的选择

瓷砖胶黏铺结层的选择如图5-18所示。

| | 墙面瓷砖适用规格/mm | | | | |
|---|---|---|---|---|---|
| | $E>6\%$ | $3\%<E\leqslant6\%$ | $0.2\%<E\leqslant3\%$ | $E<0.2\%$ | 适用于混凝土基层，水泥砂浆抹灰基层 |
| 适用室内 | ≤600×600 | 不适用 | 不适用 | 不适用 | |
| 适用室外 | 不适用 | 不适用 | 不适用 | 不适用 | |

(a) 中厚层瓷砖胶TA-S109

| | 墙面瓷砖适用规格/mm | | | | |
|---|---|---|---|---|---|
| | $E>6\%$ | $3\%<E\leqslant6\%$ | $0.2\%<E\leqslant3\%$ | $E<0.2\%$ | 适用于混凝土基层、水泥砂浆抹灰基层、砌块基层、石膏板基层 |
| 适用室内 | 不限大小 | 不限大小 | ≤600×600 | ≤300×600 | |
| 适用室外 | 不限大小 | 不限大小 | ≤300×300 | ≤100×200 | |

(b) 重砖型瓷砖胶TA-S106

| | 墙面瓷砖适用规格/mm | | | | |
|---|---|---|---|---|---|
| | $E>6\%$ | $3\%<E\leqslant6\%$ | $0.2\%<E\leqslant3\%$ | $E<0.2\%$ | 适用于混凝土基层、水泥砂浆抹灰基层、砌块基层 |
| 适用室内 | 不限大小 | ≤600×600 | ≤600×600 | 不适用 | |
| 适用室外 | 不限大小 | ≤300×600 | ≤100×200 | 不适用 | |

(c) 二合一型瓷砖胶TA-S104

| | 墙面瓷砖适用规格/mm | | | | |
|---|---|---|---|---|---|
| | $E>6\%$ | $3\%<E\leqslant6\%$ | $0.2\%<E\leqslant3\%$ | $E<0.2\%$ | 适用于混凝土基层、水泥砂浆抹灰基层、砌块基层 |
| 适用室内 | 不限大小 | ≤600×600 | ≤300×600 | 不适用 | |
| 适用室外 | ≤300×600 | ≤300×600 | ≤100×200 | 不适用 | |

(d) 通用强效型瓷砖胶TA-S100

| | 墙面瓷砖适用规格/mm | | | |
|---|---|---|---|---|
| | $E>6\%$ | $3\%<E\leq6\%$ | $0.2\%<E\leq3\%$ | $E<0.2\%$ |
| 适用室内 | ≤600×600 | 不适用 | 不适用 | 不适用 |
| 适用室外 | 不适用 | 不适用 | 不适用 | 不适用 |

适用于混凝土基层、水泥砂浆抹灰基层、砌块基层

(e) 经济型瓷砖胶TA-S101

**图5-18　瓷砖胶黏铺结层的选择**
E—吸水率

## 5.3.6　瓷砖胶黏防水材料的选择

瓷砖胶黏防水材料的选择如图5-19所示。

- 单组分聚合物防水砂浆WM-101适用范围 → 建筑外墙及屋面的防水、防渗工程
- 双组分聚合物防水砂浆WM-100适用范围 → 建筑外墙及屋面的防水、防渗工程
- 单组分聚氨酯防水涂料301适用范围 → 适用于游泳池、水池等长期浸水部位的防水、非外露屋面的防水、地下工程顶板的防水
- 高效防水浆料(通用型)适用范围 → 室内外防潮工程、不适用于金属、玻璃、弹性基层
- 柔效防水涂料(柔韧型)适用范围 → 室内外防水工程，可用于金属、弹性基层

**图5-19　瓷砖胶黏防水材料的选择**

## 5.3.7　瓷砖胶黏填缝材料的选择

瓷砖胶黏填缝材料的选择如图5-20所示。

- 雨虹L100靓缝剂适用范围 → 具有腐蚀和严重污染环境，室内各种块材填缝，有重载荷环境
- 填缝剂TF-M100适用范围 → 室内外各种块材填缝，缝宽1~4mm的块材填缝
- 填缝剂TF-M101适用范围 → 缝宽1~4mm的块材填缝，室内外各种块材填缝，尤其适用于长期浸水环境
- 填缝剂TF-M102适用范围 → 缝宽5~10mm的块材填缝，室内外各种块材填缝，尤其适用于长期浸水环境

**图5-20　瓷砖胶黏填缝材料的选择**

## 5.3.8 瓷砖胶黏结层的施工厚度

瓷砖胶黏结层的施工厚度如图5-21所示。

图5-21 瓷砖胶黏结层的施工厚度

## 5.3.9 瓷砖的薄贴法

薄贴法图解如图5-22所示。

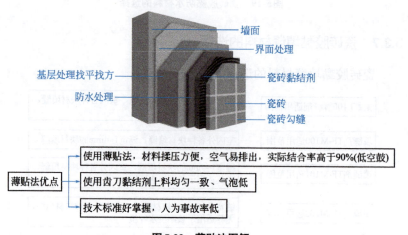

图5-22 薄贴法图解

> 一个房间内瓷砖最好由一个人来贴完。如果由两个人来贴完，则可能会因为风格不一样贴出来的效果存在差别。

## 5.3.10 瓷砖铺贴前需要充分浸水

瓷砖都具有一定的孔隙，为此，在铺贴瓷砖前需要将瓷砖浸水。这样是为了让其中的孔隙充分吸收水分，以免瓷砖太干燥引起其使用寿命的减少与引起空鼓脱落裂纹等现象。瓷砖应充分浸水，如图 5-23 所示。特别是在夏天铺贴瓷砖，天气炎热更要注意瓷砖浸水要充分。另外，由于不同瓷砖的吸水率不同，因此，瓷砖浸水的时间也没有统一的标准时间。一般而言，瓷砖浸泡水需要 1～5h。瓷砖浸泡水时间过长，因瓷砖已经达到吸水率的要求，则影响也不会太大。

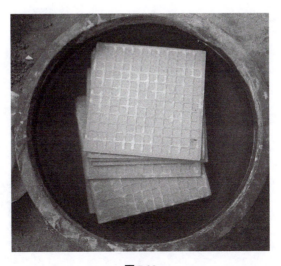

图 5-23

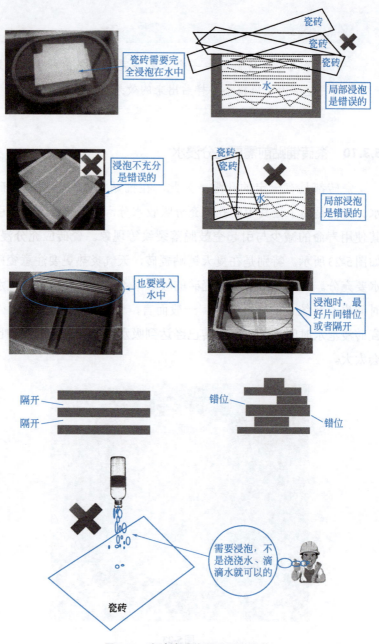

图5-23 瓷砖铺贴前需要充分浸水

> **提醒**
>
> ① 瓷砖浸泡往水盆里放时，一定要釉面朝上，陶面朝下。如果釉面朝下，瓷砖角互相磕碰，则容易发生掉瓷现象。
>
> ② 瓷砖浸泡后从水盆里捞出来时，地面要垫上包装纸箱。另外，需要将瓷砖背靠墙放，釉面朝上。如果釉面朝下釉面尖角着地，因瓷砖角很脆，则会容易磕掉瓷。

## 5.3.11 瓷砖浸泡水的时间

瓷砖浸泡的最佳效果就是要瓷砖"喝饱"水，不再冒气泡为止。吸水率高的瓷砖，浸泡要久一些。雨季施工时，浸泡时间相应缩短。酷暑天气，浸泡时间相应增长。

浸泡时，如果出现气泡，则说明该瓷砖还需要继续浸泡，如图5-24所示。

> **提醒**
>
> 瓷砖浸泡水后立着放，并且隔开，这样以便多余的水分流走。待表面没有明显的水印时，就可以铺贴瓷砖了。

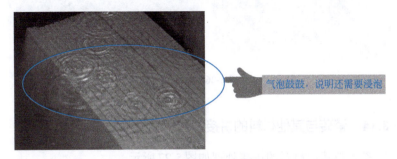

图5-24 浸泡终止的判断

### 5.3.12 瓷砖是否需要浸水的判断

铺贴瓷砖时,不是所有瓷砖都要浸泡水,是否需要浸泡可通过图5-25所示流程进行判断。

釉面墙砖、仿古砖、玻化砖及吸水率大于5%的瓷砖 → 都要泡水

吸水率低于5%的瓷砖及抛光砖 → 可不泡水,但应用干净湿毛巾将抛光砖瓷砖背后的浮尘擦干净

图5-25 瓷砖是否需要浸水的判断流程

### 5.3.13 水泥浆

通俗地讲,水泥浆就是全部放水泥与水,不含砂的铺贴浆,如图5-26所示。水泥砂浆是水泥、砂和水的混合浆。

图5-26 水泥浆

### 5.3.14 瓷砖与其他材料的拼接

瓷砖与其他材料的拼接处理如图5-27所示。

第5章　瓷砖拼排与施工轻松通

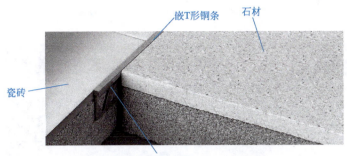

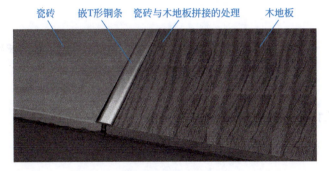

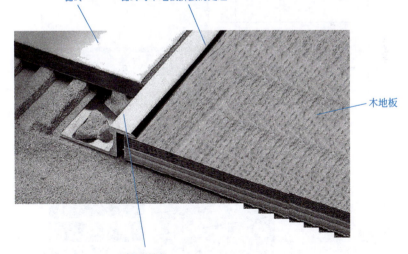

**图 5-27**

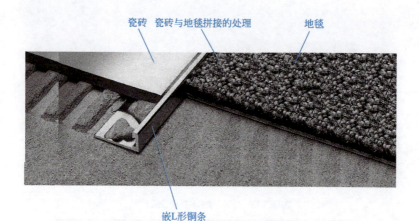

➡ 木地板与波打线直接对接,高差应在1mm内,为此,对找平要求高

图5-27 瓷砖与其他材料的拼接处理

## 5.3.15 瓷砖缝隙的形式与类型

瓷砖缝隙的形式与类型如图5-28所示。

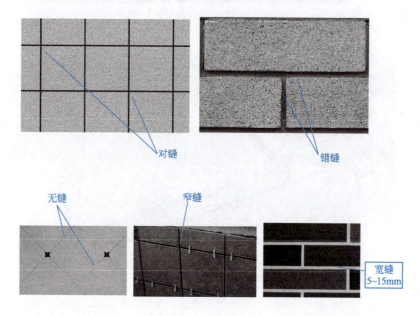

第5章　瓷砖拼排与施工轻松通

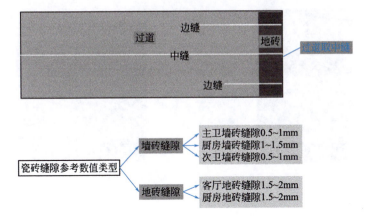

图 5-28　瓷砖缝隙的形式与类型

> **提醒**
>
> 瓷砖接缝位置尽量不要与板材接缝重叠，以减少开裂、渗水等现象。

### 5.3.16　瓷砖缝隙的控制

瓷砖缝隙的控制如图 5-29 所示。

图 5-29

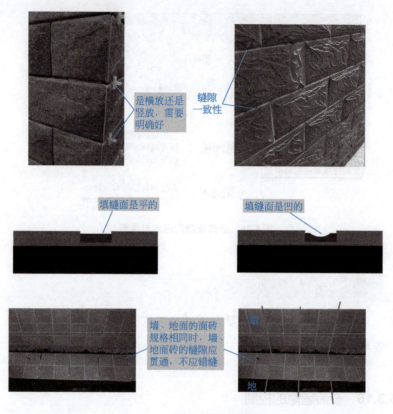

图5-29 瓷砖缝隙的控制

### 5.3.17 瓷砖的勾缝

（1）勾缝准备　勾缝前要清除墙面上黏结的灰尘、砂浆、污物等，并洒水湿润。脚手眼要用与原墙相同的砖补砌严密。缺棱掉角的砖要用与墙面相同颜色的砂浆修补平整。瞎缝要予以开凿。

（2）勾缝要求　有的缝深4～5mm，并且要求搭接平整、横平竖直、深浅一致，不得出现丢缝、瞎缝、裂缝、黏结不牢等异常现象。

勾缝形式如图5-30所示。

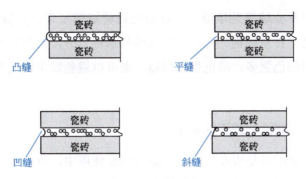

图 5-30　勾缝形式

## 5.3.18　瓷砖的美缝

瓷砖缝隙是清洁过程中最难清洗的地方。瓷砖所铺贴的空间处于潮湿环境，使用传统水泥（白水泥）勾缝容易返碱，出现白斑、发霉、发黑，并且水泥干固后硬度高、收缩性强，导致开裂、断裂等现象。白水泥勾缝的效果如图5-31所示。

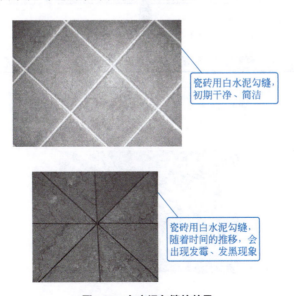

图 5-31　白水泥勾缝的效果

采用专业填缝剂填缝，可以避免瓷砖缝隙发霉、开裂等现象。美缝剂是一种填缝剂。美缝剂有油性与水性之分，比起白水泥，能够选择的颜色更多，颜色也更靓丽，也可以避免发生瓷缝发黑、发霉等现象。

### 5.3.19 伸缩缝处瓷砖的做法

瓷砖伸缩缝是指在瓷砖被大面积铺设使用中，为了防止瓷砖自身因温差或潮湿等因素造成收缩膨胀破坏而专门预留的相应缝隙。

大面积铺设瓷砖时，一般应每5m间隔留一条伸缩缝，并且缝宽不小于5mm。在外墙时，还应在楼层高度分层段位置也留伸缩缝。

伸缩缝处的做法如图5-32所示。

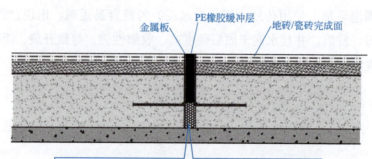

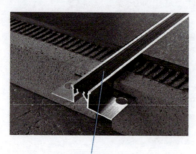

地面伸缩缝的处理

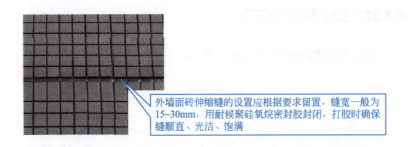

图5-32 伸缩缝处的做法

## 5.3.20 缺角瓷砖的利用

缺角瓷砖的利用如图5-33所示。

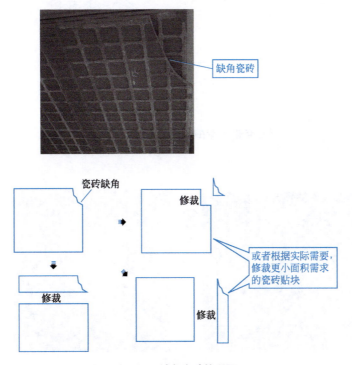

图5-33 缺角瓷砖的利用

## 5.3.21 瓷砖的切割与开孔

瓷砖的切割与开孔如图5-34所示。

方形套割用手持切割机切割

圆形套割用开孔器开孔

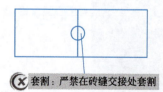
套割：严禁在砖缝交接处套割

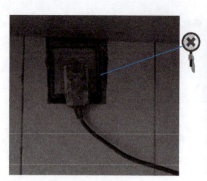
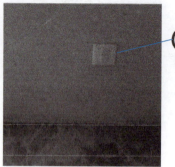

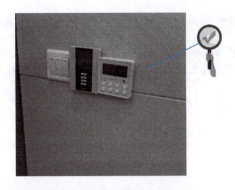

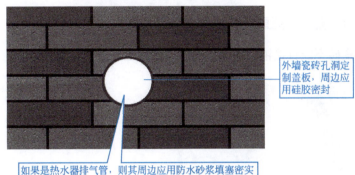

外墙瓷砖孔洞定制盖板，周边应用硅胶密封

如果是热水器排气管，则其周边应用防水砂浆填塞密实

图5-34 瓷砖的切割与开孔

## 5.3.22 瓷砖铺贴配合问题

瓷砖铺贴配合问题如图5-35所示。

图5-35

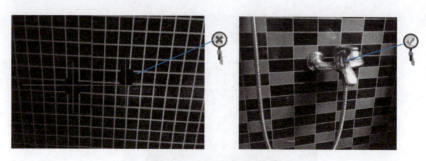

图 5-35　瓷砖铺贴配合问题

## 5.3.23　瓷砖不能直接铺贴在涂料的墙壁上

瓷砖不能直接铺贴在腻子粉等墙壁粉上,如图 5-36 所示。

图 5-36　瓷砖不能够直接铺贴在墙壁粉上

## 5.3.24 瓷砖铺贴效果

瓷砖铺贴效果如图5-37所示。

图5-37

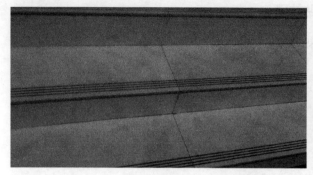

图 5-37　瓷砖铺贴效果

### 5.3.25　瓷砖铺贴损耗的把握

如果瓷砖铺贴损耗把握不当，会出现买多了产生浪费，买少了补砖麻烦。同时，更有"补砖比买砖还麻烦"一说。因为补砖量小，其一，经销商或者厂家不再提供送货服务；其二，补购的瓷砖与当初购买的瓷砖往往不是同一批产品，可能存在色差问题。为此，需要掌握铺装前与铺贴中的损耗把握。

瓷砖铺装造成的损耗分为以下两种。

（1）非正常损耗　非正常损耗主要是由选购、施工不当引起的损耗。例如瓷砖质量差，施工时破损等造成的不必要的损耗。

（2）正常损耗　由于房间尺寸与瓷砖尺寸不一定相配，需要裁瓷砖，被裁掉的瓷砖如果不能够继续利用就造成了损耗。瓷砖检验出厂后在100块瓷砖中出现2、3块瓷砖损耗属于正常范围。一般而言，瓷砖的总体损耗率为3%～10%之间属于正常。如果超出了该范围，则可能出现了非正常性损耗。另外需要注意：选用的瓷砖尺寸越大，则损耗越多。如果是800mm×800mm、1200mm×1200mm规格的瓷砖，被裁切下来的瓷砖损耗就更大，并且损耗远不止10%。

瓷砖损耗图例如图 5-38 所示。

图5-38 瓷砖损耗图例

瓷砖铺贴损耗率计算方法如下。

（1）简单瓷砖铺贴损耗的计算方法

房间地面面积÷每块地砖面积×（1+10%）=用砖数量

式中　10%——损耗率。

（2）精确瓷砖铺贴损耗的计算方法

（房间长度÷砖长）×（房间宽度÷砖宽）=用砖数量

用砖数量+用砖数量×（3%～10%）=购砖数量

（3）经验法　经验法的算法仅供参考，具体如图5-39所示。

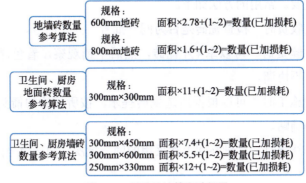

图5-39 经验法计算瓷砖数量

【例】　长5m、宽4m的房间，采用400mm×400mm规格的地砖，则需要购买多少块地砖？

【解】　根据

（房间长度÷砖长）×（房间宽度÷砖宽）=用砖数量

用砖数量+用砖数量×(3%～10%)=购砖数量

得

5÷0.4=12.5（块）（则取整块13）

4÷0.4=10（块）

13×10=130（块）（用砖总量）

考虑购买时损耗率为10%，则需要购砖数如下：

130+130×10%=143（块）

**提醒**

瓷砖宁可多买也不可少买，多买的一般情况下还可以退，少买了去补砖往往会配不上色号。

## 5.3.26 如何避免瓷砖的色差

一般而言，瓷砖存在色差是在所难免的，因此，避免瓷砖产生色差很重要。常用的方法如下。

（1）收货时　检查瓷砖是否为同一批号、同一色号。

（2）验货时　可以拿4片瓷砖，然后平铺观察，看色泽是否存在差异、不协调。

（3）施工时　可以根据所选瓷砖提示，按所标注的箭头铺贴或者不规则铺贴。

（4）补货时　尽量补回上次采用的同一批次、同一色号的瓷砖。

**提醒**

另外，同一块砖，不同部位间存在色泽差异；同一款砖，不同批次、不同色号混铺，导致颜色深浅不一等情况，不属于所谓的瓷砖色差。

## 5.3.27 铺贴角度的检查

铺贴直角时,应检查角度是否正确,如图5-40所示。

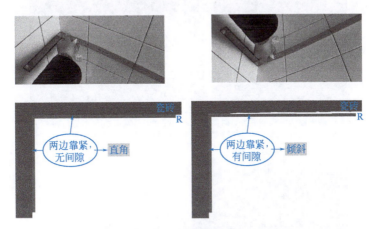

图5-40 检查铺贴角度

## 5.3.28 容易损坏的瓷砖部位

容易损坏的瓷砖部位如图5-41所示。出入频繁的入口瓷砖容易受到碰撞而损坏,为此需要加强瓷砖质量的把控并采取保护措施。

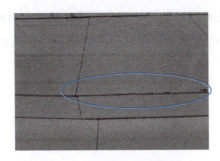

图5-41 容易损坏的瓷砖部位

## 5.3.29 瓷砖脱落与空鼓

瓷砖脱落与空鼓如图5-42所示。

面砖未浸泡或浸泡后放置时间过长,致使水分蒸发,面砖吸收了黏结砂浆的水分,降低了黏结砂浆的强度,导致面砖脱落空鼓

底层抹灰过厚,未分层,致使抹灰层开裂。混凝土基层未做充分的处理,导致面砖和基层分离,面砖脱落空鼓

图5-42　瓷砖脱落与空鼓

　　避免瓷砖空鼓的方法有水泥砂子配比要适中、选择中砂、选择吸水率低的瓷砖、选择背面纹路偏深的瓷砖等。其中,干铺法地砖的水泥砂子应根据1∶3的比例混合后兑少量的水调配。一般湿铺法墙砖的水泥砂子的配比应根据1∶2的比例混合后兑水较合适。

# 第6章

## 各类瓷砖空间铺贴轻松通

## 6.1 具体瓷砖的铺贴技能

### 6.1.1 室内仿古砖的铺贴方法

室内仿古砖的铺贴方法如图6-1所示。铺贴室内仿古砖水泥与浆料配比如下。

01 铺贴前,将仿古砖竖立,用清水完全浸泡3~4h后,将仿古砖的防护粉彻底清除,并且取出晾干备用

02 铺贴时,水泥混合浆料厚度不能超过8mm。瓷砖与瓷砖间一般预留3mm以上灰缝

03 铺贴完7~10d后用白水泥加防水勾缝,以防渗水造成砖面色差,并且勾缝料要与釉面持平

04 清洁时,可以用中性清洁剂(pH值=6.5~7.5)清洁。严禁使用强酸、强碱清洁砖面

图6-1 室内仿古砖的铺贴方法

① 采用强度等级≤32.5MPa的普通水泥，浆料配比为水泥：细砂=1：1；水泥：石膏=2：1。

② 另外，也采用强度等级≤22.5MPa的砌筑水泥。

**提醒**

① 室内仿古砖铺贴位置需要避免长时间日光曝晒。

② 铺贴时需要注意仿古砖外包装上标明的色号、尺码应一致。如果为两种或者两种以上色号或尺码的仿古砖，应使用完同一色号、尺码的仿古砖后再使用另一色号、尺码的仿古砖，以求达到色泽、规整度均匀一致的效果。

### 6.1.2 抛釉瓷砖地面铺贴的注意要点

抛釉瓷砖地面铺贴的注意要点如图6-2所示。抛釉瓷砖地面铺贴用普通水泥时，其标号不宜超425#、325#。纯水泥"素灰"一般采

1. 首先需要预排好砖
2. 然后根据现场材料的具体情况，在正式施工前先做实验，并且从练习中找到切合实际的掺和比例、操作经验
3. 铺贴时，一般根据抛釉瓷砖底面箭头方向铺贴。为了增强黏结性，可以添加建筑107胶液等适量胶黏液
4. 为了保证铺贴美观，一般需要留2~3mm的砖缝。砖缝后期一般用同色美缝剂进行勾边美缝处理。抛釉砖不建议采用无缝铺贴方法
5. 填缝时，需要首先清洗干净砖缝，再将砖片的四边贴好分色保护，然后用适当的填缝剂进行填缝作业

图6-2 抛釉瓷砖地面铺贴方法

用275#的白水泥。水泥砂浆基层与涂覆在砖底面的纯水泥"素灰"两者都需要掺入适量的锯末(入糠)。

① 对紧贴砖底面的纯水泥"素灰"薄层所掺入锯末的重量比例一般为5%～7%。操作时，需要先将水泥与水拌和好，然后将锯末分散撒上，并且继续拌和均匀。如果先混合后掺水，则会出现锯末飘起导致操作困难。另外，如果需要可适宜加入少量建筑107胶液。

② 作为基层的砂浆，其水泥与砂子比例一般为1∶(4～6)。掺入适量锯末时，锯末占重量的10%～15%。

排砖时，一般情况在顺序铺贴中，下一块砖相对上一块砖的摆放关系没有限制，需要时顺时针或逆时针转动90°，也可以转动180°，以获得满意的整体颜色均匀性效果。

提醒

① 有的抛釉瓷砖表层出厂时贴有保护膜。该膜既能够防止砖面污染、便于清洁，又能够适度预防抛釉瓷砖砖体表面划伤。施工时，需要注意该膜一定要保持到竣工完成并且彻底清洁处理后，才能够揭掉该保护膜。

② 抛釉瓷砖铺贴施工前，需要对瓷砖的四个侧面涂覆颜色协调的防水漆层，以防止抛釉瓷砖与抛釉瓷砖的间隙渗进污水，出现污垢色痕。

③ 由于抛釉砖材质特殊，如果水泥砂浆与其不匹配，则其铺地后容易产生开裂现象。抛釉砖铺贴中提倡采用有机胶黏剂粘贴而不采用水泥湿法铺贴方案，这样能够有效避免匹配不佳的问题。

### 6.1.3 抛光砖的铺贴方法与步骤、注意要点

（1）抛光砖的铺贴方法与步骤　抛光砖的铺贴方法与主要步骤如图6-3所示。

步骤一：混浆
将325#水泥和砂以1∶3的比例混合成素砂浆

铺半干砂浆 → 半干砂浆

砂浆以手捏成团，落在地面会自动均匀散开为准，水泥、砂子的体积比为1∶3

步骤二：砂浆打底
将调和好的素砂浆铺在已撒水的地面上，砂浆打底平整匀称

步骤三：刮平
将砂浆均匀抹平整，有高低的地方应重新刮平，有大颗粒的应清除掉

**步骤四：试铺找平**
将瓷砖先平铺在素砂浆层上，用橡皮锤四边敲平、压实，然后取下瓷砖，将得到厚实、平整的底面层。如果发现有不平整的地方应即刻补砂浆填实，保证瓷砖铺的底面层整体平整

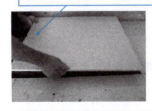

**步骤五：抹底浆**
在瓷砖背部抹上1:2的水泥砂浆，并且刮平、刮匀称，保证四边都刮有砂浆且均匀，砂浆厚度大约为10mm，必要时，可以用梳子梳理砂浆，使其更均匀

▶▶▶ 用水灰比为0.45的素水泥浆均匀地抹在瓷砖的背面，厚度控制在5~7mm

图6-3

步骤六：铺贴瓷砖
将已抹水泥砂浆的瓷砖铺贴到平实的基础砂浆层，用橡胶锤均匀敲平、敲实。
注意后铺砖应与前铺砖保持平整度一致，如果有不一致，同样要整体取出调方向或找平基础层后再铺贴

铺贴时，使用水平尺随铺随检查。铺完2~3行瓷砖应随时拉线检查缝格的平直度，如果高度太低或位置不准，应揭开瓷砖重铺。大面积完成后，需要检查铺贴平整度

图6-3　抛光砖的铺贴方法与主要步骤

（2）抛光砖铺贴注意要点

① 瓷砖开箱时，需要认准瓷砖规格、尺寸、色号等，并且需要把相同色号的瓷砖贴在同一部位，不要将不同色号的瓷砖混在一起铺贴（除非是有获得某种特殊要求的情况）。

② 铺贴前首先在地面上试铺预排。

③ 使用完同一色号、尺码的瓷砖后，才能够使用临近色号、尺码的瓷砖。

④ 需要将色号、尺码不同的瓷砖区分好，并且在瓷砖砖底编号加以标明。如果瓷砖砖面有划痕或有方向性的图案，则需要将瓷砖统一根据图纹的方向进行铺贴，以达到最佳的装饰效果。

⑤ 抛光地砖要根据实际情况选择湿铺贴法还是干铺贴法。

⑥ 铺贴地砖时，一般需要用水泥砂浆铺垫找平层，该区域不宜

过大，以免找平层水泥砂浆超过初凝时间（大约45min），造成面砖与黏结层粘接不密实，引起空鼓等问题。

⑦ 留缝铺贴时，抛光砖间距为2～5mm，抛光砖与墙体衔接处留缝为3～5mm。在楼梯、立柱、走廊、墙面等边沿处，留缝1～3mm。

⑧ 瓷砖地砖铺贴需要在基底凝固结实后进行。铺贴瓷砖时，先将瓷砖与铺贴面成大约15°的角，然后用手轻轻往水平方向推，使瓷砖砖底与地面平行，这样便于排除气泡。然后用手锤柄轻敲瓷砖砖面，以便让瓷砖砖底全面吃浆，避免产生空鼓现象。最后用木锤把瓷砖砖面敲到平整，同时用水平尺测量水平度，以保证瓷砖铺贴水平。

⑨ 瓷砖铺贴大约1h（具体由气候、水泥凝结程度来决定）后，需要及时用木糠或海绵把水泥浆擦干净，以免瓷砖表面藏污时间过长，难以清理。

⑩ 地面或墙面的瓷砖铺贴后，瓷砖接缝间隙需要及时清洗。嵌缝工作需要至少过24h后进行。嵌缝前应湿润瓷砖边缘，并使用瓷砖专用黏结剂。如果用水泥嵌缝时，则采用1∶1水泥浆，并用合适的工具灌浆，以确保渗透深度。

⑪ 瓷砖铺贴后大约12h，应及时用木锤敲击墙（地）面，检查是否出现空鼓现象。如果敲击后听到"空空"声，则说明该瓷砖出现空鼓现象，需要重新铺贴。

⑫ 瓷砖空鼓重新铺贴的方法为：首先用切割工具沿着瓷砖距离边缘5～8mm切割一道缝，再用木锤轻敲瓷砖，使瓷砖砖底与黏结层尽量松离。然后用薄铁片等工具慢慢揭起小块瓷砖，以便揭起空鼓瓷砖且不损坏周边瓷砖。重铺时，需要将底层清理干净，并且重新铺垫找平层。

⑬ 瓷砖铺贴需要连续操作完成，避免水泥砂浆凝结。如果不能

够一次完成，则应将已经铺贴完成部分的边缘切平整，并且清理干净，如图6-4所示。这样有利于后续铺贴，并且防止后续铺贴出现空鼓等异常情况。

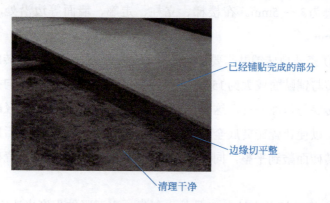

图6-4　已经铺贴完成的部分边缘切平整

⑭ 尽量保持瓷砖砖面清洁，避免有色液体浸泡瓷砖的表面。如果不小心使瓷砖砖面上沾有有色液体，需要尽快清理。

⑮ 所有瓷砖铺贴完均需要及时清除表面污垢，24h后方可在地砖上行走。

⑯ 铺贴好的瓷砖48h内最好不要使用大型打蜡机等电动设备，以免瓷砖与黏结层粘接受震产生空鼓现象。

> **提醒**
>
> 　　完全玻化砖在使用过程中需要尽量避免硬物摩擦，以免影响光泽度。

### 6.1.4　木纹砖的铺贴

（1）木纹砖的铺贴方式　木纹砖铺贴方式与传统陶瓷墙地砖铺

贴方式基本一样，常见的有工字形、井字形、人字形、棱线斜铺、对齐粘贴等。但是，由于木纹砖具有体现木地板等特点，因此，铺贴方式需要符合木地板铺贴的效果。木纹砖铺贴方式与效果如图6-5所示。

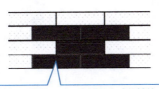

正工字铺贴方式是5∶5铺贴。正工字铺贴方式能够给人一种工整规律的感觉。该种方法适用于600mm×150mm、800mm×150mm等较小规格木纹砖的铺贴

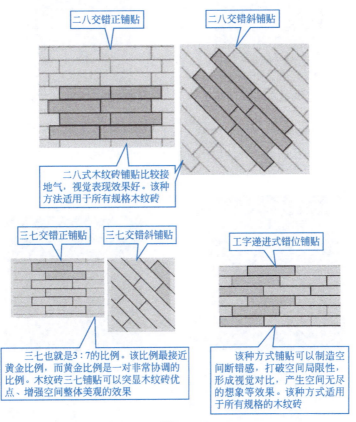

二八交错正铺贴

二八交错斜铺贴

二八式木纹砖铺贴比较接地气，视觉表现效果好。该种方法适用于所有规格木纹砖

三七交错正铺贴

三七交错斜铺贴

工字递进式错位铺贴

三七也就是3∶7的比例。该比例最接近黄金比例，而黄金比例是一对非常协调的比例。木纹砖三七铺贴可以突显木纹砖优点、增强空间整体美观的效果

该种方式铺贴可以制造空间断错感，打破空间局限性，形成视觉对比，产生空间无尽的想象等效果。该种方式适用于所有规格的木纹砖

图6-5

采用横竖间隔铺贴,其中600mm×600mm规格的木纹砖竖铺,150mm×600mm规格的木纹砖横铺

木纹砖人字铺贴方式具有纹路规整、延伸空间视觉等效果

600mm×600mm、300mm×600mm、300mm×300mm三种规格的木纹砖错开混铺,人字形叠加。该种方式具有隐约可见的铺贴规律,显得整洁大方

用四行15cm或20cm错开并列木纹砖铺贴,并且与一行150mm×600mm规格作为间隔。该方式具有灵活不呆板的效果

直接用600mm×600mm的花片木纹砖铺贴,该花片木纹砖铺贴具有素雅高洁等效果

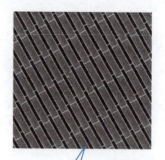

用宽窄两种规格的木纹砖斜铺

图6-5　木纹砖铺贴方式与效果

（2）木纹砖美缝剂的选择与使用　好的原厂边木纹砖拼贴后，大约有1mm的自然缝隙，填不填缝隙均可以。如果木纹砖拼贴后，具有2～3mm的缝隙，则一般需要填缝隙。

常见的美缝剂有亮光、金属、亚光等种类。色彩偏暗的墙砖、仿古砖，可以选择亚光美缝剂。亮墙砖、微晶石可以选择金属美缝剂、亮光美缝剂。

木纹砖美缝剂需要选择耐污性、耐腐蚀性、硬度高的，这样不会出现后期美缝剂掉落、变色等异常情况。

木纹砖美缝剂的使用方法与要点如下。

① 美缝前，需要将美缝的边进行清理。清理瓷砖缝隙深度大约为0.8mm的凹槽，直到缝隙两边露出瓷砖边即可。

② 施工前，一定要注意瓷砖十字交叉处缝隙的清理。

③ 清洁瓷砖缝隙内部的粉尘，可以用吸尘器或者扫把扫干净，以保证瓷砖缝隙内无粉尘、无颗粒、不潮湿等。

④ 木纹砖美缝步骤一般是先横缝后竖缝。

⑤ 使用美缝剂时，左手拿着美缝剂的料嘴，尖端向下放在美缝剂的出料口，并且用湿毛巾盖在拿着料嘴的左手上，右手拍打几下料嘴，使其顶开美缝剂出料口。

⑥ 把出料嘴拧到美缝剂的出料口上，装入胶枪准备打胶。

⑦ 打胶时，用湿毛巾湿润瓷砖缝隙两侧的瓷砖。

⑧ 新手可以先打长度为20～50cm的美缝剂（熟练的可以打长一些），再把胶枪平放，出料嘴下面用接料板接住。

⑨ 然后用水刮板刮平美缝剂，再继续打美缝剂，直到把所有水平线美缝剂刮平。

⑩ 感觉水平线美缝剂凝固后（水平线美缝剂表面大约20min凝固），则可以打垂直线美缝剂。

⑪ 水平线、垂直线美缝剂打完半小时后，可以用湿毛巾擦干净残留在瓷砖缝隙两边的美缝剂。

如果利用瓷砖与美缝剂色彩差异形成视觉冲击，则要求美缝剂本身有一定的光泽度。水刮板操作拿握法：四指在上、大拇指在水刮板下。

（3）木纹砖铺贴方法　木纹砖铺贴方法可以概括为十步曲，其施工流程如图6-6所示。

确定方案→找平→弹线→选砖→浸砖→混浆→涂浆→铺贴→修整→填缝

**图6-6　木纹砖铺贴方法**

木纹砖铺贴步骤的特点与要求如下。

① 确定方案。常用木纹砖的铺贴方式、方案与传统的瓷砖墙砖、地砖基本一样，只是木纹砖的铺贴方式、方案更多地借鉴了木地板的铺贴方式、方案。铺贴方案各有千秋，为此，铺贴前需要确定方案。

② 找平。铺木纹砖前，需要对铺贴的建筑物地面、墙面表面进行消除表面的附着物、用半湿水泥砂混合铺平等相关处理。

③ 弹线。用一段长的细线，涂上墨汁，然后确定瓷砖铺贴的中轴线，并且按线进行铺贴。

④ 选砖。根据铺贴方案选择瓷砖，并且挑选出来分门别类放好。

⑤ 浸砖。木纹砖与其他仿古砖、抛光砖一样需要浸泡，泡透后才能够铺贴。木纹砖浸砖不能够采用浑水、脏水、油污水浸泡。

⑥ 混浆。木纹砖铺贴的水泥一般为标号325的水泥。水泥砂一般以1∶2的比例混合。

⑦ 涂浆。把浸泡好的木纹砖取出晾干，然后将水泥浆均匀涂抹在木纹砖背面，并且砂浆厚度为2～3cm。

⑧ 铺贴。涂浆后，随即把木纹砖往地面水泥砂面上铺，然后用木锤轻轻敲击木纹砖砖面，直到铺平整、对线整齐。铺贴需要注意木纹砖纹理顺序、砖底标示箭头、缝隙要求、木锤敲打力量要均衡、木锤敲打木纹砖缝反溢的水泥浆要用海绵或抹布抹平等要求。

⑨ 修整。木纹砖铺贴好，水泥还没有完全干透，可以用肉眼观

察或用水平尺测量，根据标准对木纹砖进行修整。修整包括砖缝直线度、平整度等。如果发现问题，应立刻进行修整。问题严重时，需要撬开木纹砖重新铺贴。

⑩ 填缝。木纹砖修整铺贴后，进行填缝剂填缝处理。

### 6.1.5 仿古砖的铺贴

仿古砖适应的装修风格比较多，如图6-7所示。

仿古砖适用的装修风格——美式风格。喜欢简约大气感，可以选择美式风格。仿古砖可以营造出舒适温馨、大气时尚的美式感

仿古砖适用的装修风格——欧式风格。通过黄色仿古砖+同色系的大理石石线+个性的装饰画可以营造出华丽大气的欧式装修风格

仿古砖适用的装修风格——中式装修。通过仿古砖的样式、色彩、图案营造出一种中式怀旧风

仿古砖适用的装修风格——现代风格。仿古砖可以营造新鲜简约感

第6章 各类瓷砖空间铺贴轻松通

仿古砖适用的装修风格——田园风格。仿古砖营造出贴近大自然、向往大自然的氛围

图6-7 仿古砖适应的装修风格

提醒

仿古砖具有古朴、典雅、个性等独特的韵味。仿古砖不但保留了陶瓷的质朴厚重感，并且还具有丰富的色彩，便于搭配、清理。米黄色仿古砖能够给人一种既温馨又端庄的气质感。仿古砖作背景墙可以凸显出个性古典的韵味感。

### 6.1.6 微晶石的铺贴

微晶石的铺贴如图6-8所示。

微晶石的地面铺贴
- 第一步：将325#水泥和砂子按1:(4~6)的比例混合搅拌，过程中加10%~15%的锯末搅拌均匀
- 第二步：将微晶石侧边及底面附近涂覆2cm宽颜色相近的防水漆层，晾干待用
- 第三步：拉线排好铺设面积后，将水泥砂浆均匀铺于地面，并且注意面积不能太大，以防砂浆凝固，厚度为20~40mm，并且用木条进行找平，保证厚实匀称
- 第四步：以1:3的比例用水泥、细砂勾兑水泥浆，与水搅拌均匀，并且加入约7%的微细锯末搅拌均匀后待用
- 第五步：将水泥浆用齿形排刷均匀涂布在微晶石底部，保持厚度为10~15mm
- 第六步：将已涂布水泥浆的微晶石铺贴到准备好的基础砂浆面上，并用橡皮锤轻敲砖面至严实无空鼓为止，且保持留缝1.5~3mm

施工材料：水泥、防水漆、砂子、锯末、填缝剂
注意：如果铺贴过程中有不平整现象，应即时取出并找平，再进行后续铺贴

图6-8 微晶石的铺贴

### 6.1.7 陶瓷锦砖踢脚板的做法

陶瓷锦砖（又名马赛克）踢脚板的做法如图6-9所示。

### 6.1.8 地砖踢脚板的做法

地砖踢脚板的做法如图6-10所示。

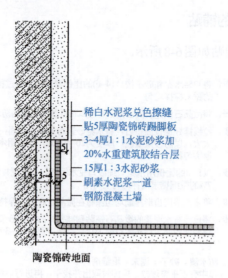

第6章 各类瓷砖空间铺贴轻松通

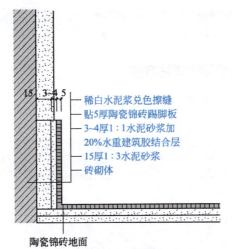

图6-9 陶瓷锦砖踢脚板的做法

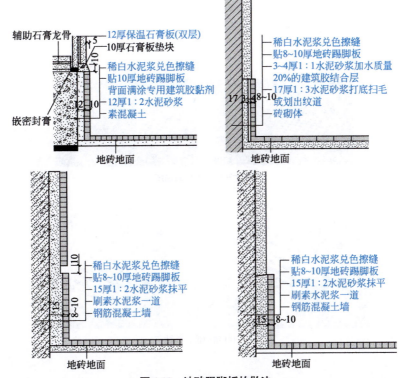

图6-10 地砖踢脚板的做法

## 6.2 具体空间瓷砖铺贴技能

### 6.2.1 地漏处瓷砖的铺贴方法

地漏处瓷砖的铺贴方法如图6-11所示。

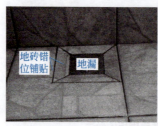 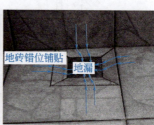

(a) 错位铺贴

(b) 十字线交叉位置铺贴

(c) 角边位置铺贴

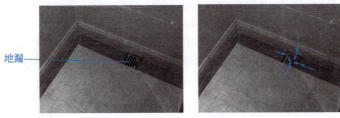

(d) 边沿位置铺贴

瓷砖铺贴需要关注地面走坡，关注局部走坡避免积水

图6-11 地漏处瓷砖的铺贴方法

## 6.2.2 游泳池铺贴瓷砖的防水方法

游泳池铺贴瓷砖的防水方法如图6-12所示。

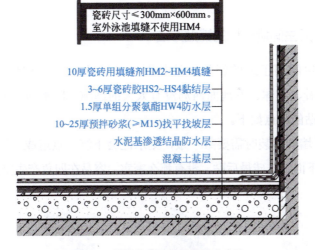

瓷砖尺寸≤300mm×600mm。
室外泳池填缝不使用HM4

10厚瓷砖用填缝剂HM2~HM4填缝
3~6厚瓷砖胶HS2~HS4黏结层
1.5厚单组分聚氨酯HW4防水层
10~25厚预拌砂浆(≥M15)找平找坡层
水泥基渗透结晶防水层
混凝土基层

图6-12 游泳池铺贴瓷砖的防水方法

## 6.2.3 SPA室铺贴瓷砖的防水方法

SPA室铺贴瓷砖的防水方法如图6-13所示。

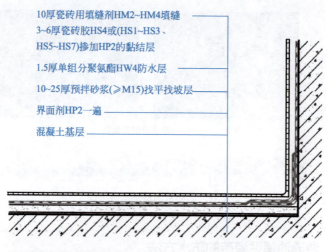

注：瓷砖尺寸≤600mm×600mm

图6-13 SPA室铺贴瓷砖的防水方法

### 6.2.4 卫生间墙压地的铺贴方法

卫生间墙压地的铺贴方法如图6-14所示。墙压地铺贴的优点有：好看、整体、看地面四周没有太大的缝隙、防水效果好等。墙压地铺贴的缺点如下。

① 墙砖铺装时需要敲一敲，则水泥会下沉一点造成上面有一点空。最下面一排砖最后贴，没有那么密实，容易在四角产生空鼓现象。

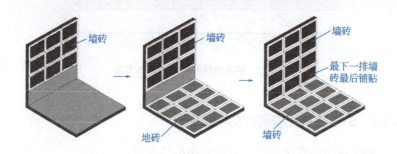

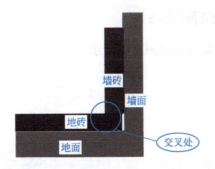

图6-14 卫生间墙压地的铺贴方法

② 悬空贴墙砖的难度远大于从地面贴起。为此，需要自制支撑，防止掉砖。悬空贴砖需要悬空弹线找平，使各面墙上的砖保持水平一致。

③ 卫生间需要铺出坡度，因此，最下面的瓷砖需要裁砖。裁砖往往很难保证整齐，从而使视觉效果不佳。

### 6.2.5 瓷砖地压墙的铺贴方法

瓷砖地压墙的铺贴方法如图6-15所示。

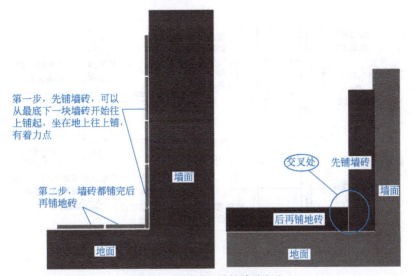

图6-15 瓷砖地压墙的铺贴方法

### 6.2.6 窗瓷砖的铺贴方法

窗瓷砖的铺贴方法如图6-16所示。

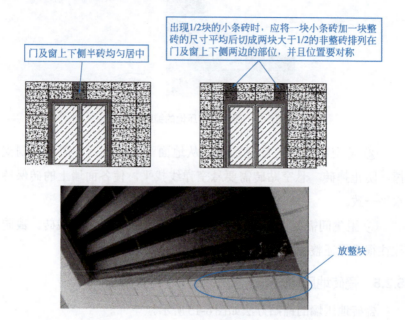

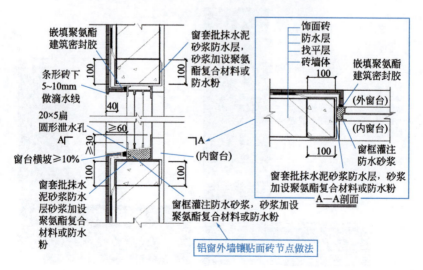

# 第6章　各类瓷砖空间铺贴轻松通

显眼处放整砖

外墙面砖窗套上口设置滴水线，比上窗盘挂落2~3mm，采用专用的10mm×10mm塑料条紧贴竖砖埋设作为滴水槽

该处采用倾斜方式

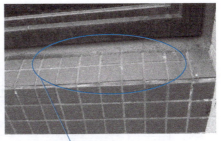

该处采用平整方式

利用上窗盘外侧一排面砖适当切割后作为滴水线，砖缝作为滴水槽，缝宽10mm，缝深5mm，上窗盘内外高低差3~5mm或做鹰嘴

**图6-16**

1. 下窗盘粉出不小于20mm高差的排水坡，不得将抹灰粉到窗框下槛的下口以上，必须从下口往里安装2~3mm，并且抽出20mm的圆弧。
2. 外墙面砖与铝合金门窗框在门窗上侧、左右两侧留出宽度为6~8mm、深度不小于5mm的硅胶槽，打设硅胶前对硅胶槽进行彻底清理，并保证干燥。

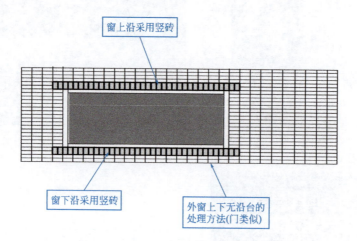

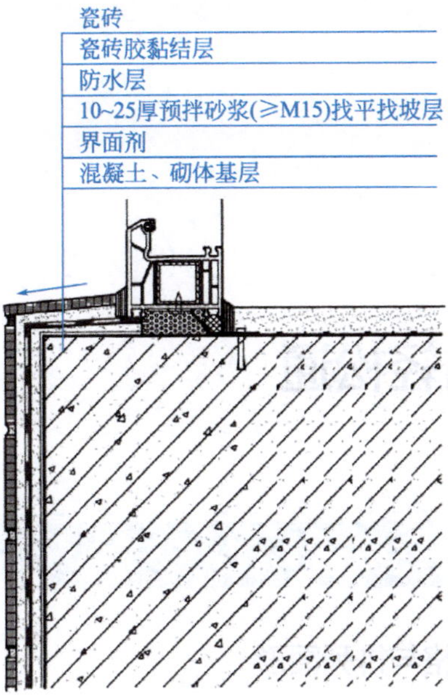

瓷砖
瓷砖胶黏结层
防水层
10~25厚预拌砂浆(≥M15)找平找坡层
界面剂
混凝土、砌体基层

图6-16 窗瓷砖的铺贴方法

# 第7章 墙砖铺贴轻松通

## 7.1 墙砖铺贴概述

### 7.1.1 墙砖的分格与排列图形

墙砖的分格与排列图形如图7-1所示。

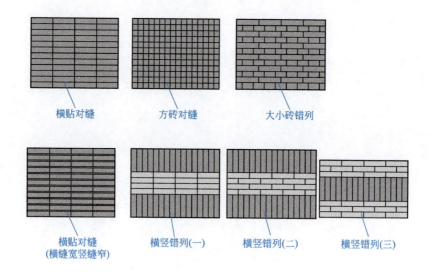

第7章 墙砖铺贴轻松通

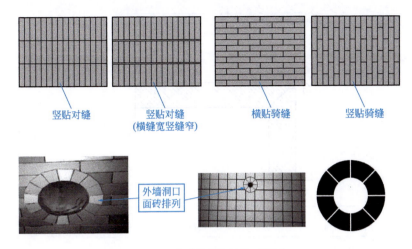

图 7-1 墙砖的分格与排列图形

### 7.1.2 墙砖铺贴程序

墙砖铺贴程序如图 7-2 所示。

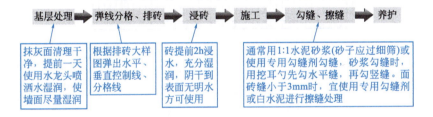

图 7-2 墙砖铺贴程序

**提醒**

切割墙砖时需要用垫板，禁止在已铺好的地面上切割。

### 7.1.3 墙砖铺贴的要求

墙砖铺贴要求如图 7-3 所示。

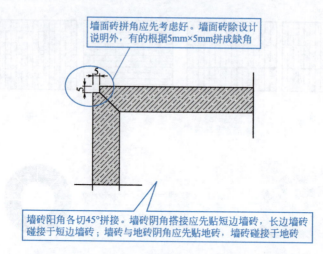

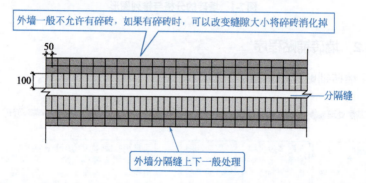

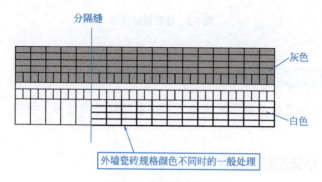

图7-3 墙砖铺贴要求

## 7.1.4 墙砖铺贴的基准点要求

墙砖铺贴的基准点要求如图7-4所示。

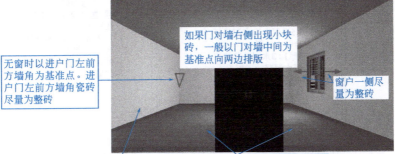

图7-4 墙砖铺贴的基准点要求

## 7.1.5 墙砖内墙的做法

墙砖内墙的做法如图7-5所示。

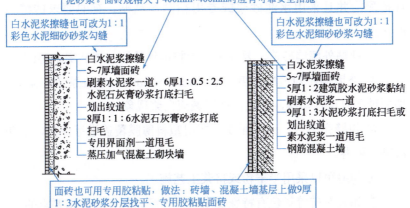

图7-5

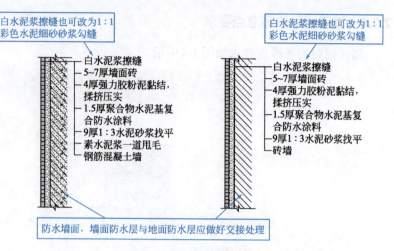

图7-5 墙砖内墙的做法

## 7.1.6 外墙墙砖的做法

外墙墙砖做法如下。

① 首先外墙面采用1∶3水泥砂浆粉刷,并且两次成活,粉刷层厚度≥15mm。这样可以提高墙身自防水能力。

② 外墙墙砖根据有关要求的规格、品种、颜色、比例等进行搭配,并且采用水泥砂浆或专用粘贴剂粘贴。有的要求砖缝为8～10mm。

③ 铺贴外墙墙砖前,要提早一天将墙体粉刷、墙砖浇水湿润。

④ 外墙墙砖勾缝的深度一般凹进2～3mm,并且禁止在雨天、墙面过湿时进行勾缝,以免出现泛碱流白浆现象。

⑤ 勾缝完毕后,外墙面要立即用塑料薄膜覆盖进行保护,以防污染、雨淋。

⑥ 勾缝可以采用半干粉或挤浆工艺施工。

⑦ 如果对砖缝颜色有特殊要求时,勾缝材料需要采用要求的。

铺贴外墙墙砖需要满足一些铺贴要求,其铺贴要求如图7-6

所示。

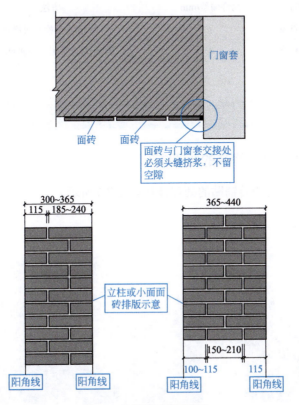

图7-6 外墙墙砖铺贴要求

### 7.1.7 墙砖铺贴的允许偏差

墙砖铺贴的允许偏差见表7-1。

表7-1 墙砖铺贴的允许偏差

| 验收项目 | 允许偏差/mm | 方法 |
| --- | --- | --- |
| 阴阳角方正 | 3 | 用直角检测尺检查 |
| 接缝直线度 | 2 | 拉5m线,不足5m拉通线,钢直尺检查 |
| 接缝高低差 | 0.5 | 用钢直尺和塞尺检查 |

续表

| 验收项目 | 允许偏差/mm | 方法 |
| --- | --- | --- |
| 立面垂直度 | 2 | 用2m垂直检测尺检查 |
| 表面平整度 | 3 | 用2m垂直检测尺和塞尺检查 |

## 7.2 墙砖铺贴的处理技巧与做法

### 7.2.1 墙砖阴角瓷砖的处理技巧

墙砖阴角瓷砖铺贴的处理技巧如图7-7所示。

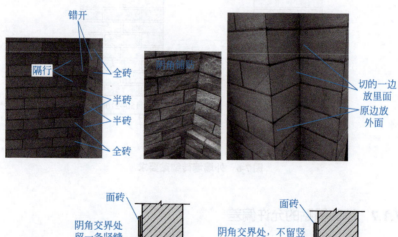

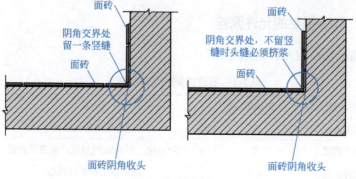

第7章 墙砖铺贴轻松通

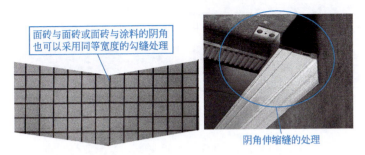

图7-7 墙砖阴角瓷砖铺贴的处理技巧

## 7.2.2 墙砖阳角瓷砖的处理技巧

墙砖阳角瓷砖的处理技巧如图7-8所示。

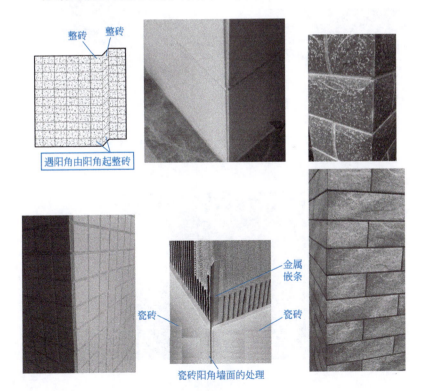

图7-8

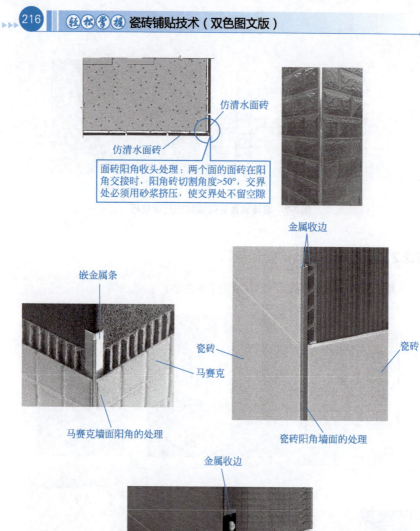

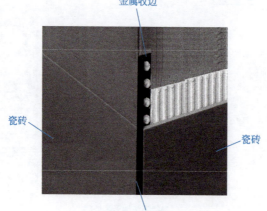

图7-8 墙砖阳角瓷砖的处理技巧

## 7.2.3 墙砖的其他处理技巧

墙砖的其他处理技巧如图7-9所示。

## 7.2.4 女儿墙瓷砖铺贴的做法

女儿墙瓷砖的铺贴做法如图7-10所示。

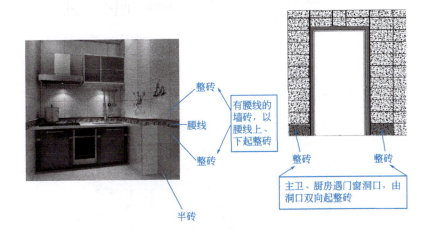

图 7-9

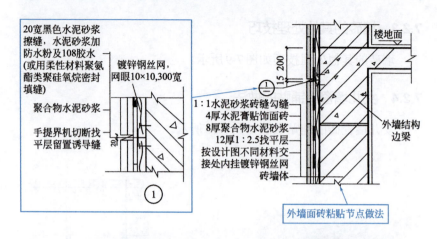

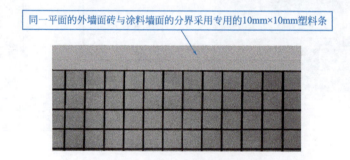

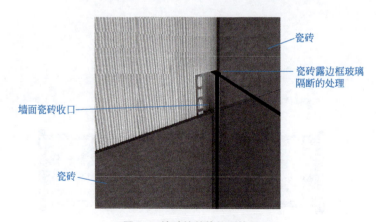

图7-9 墙砖的其他处理技巧

第7章 墙砖铺贴轻松通

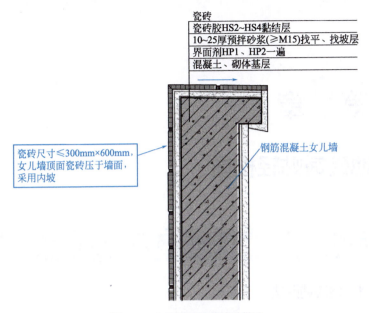

图7-10 女儿墙瓷砖的铺贴做法

### 7.2.5 外墙砖基层有外保温的铺贴做法

外墙砖基层有外保温的铺贴做法如图7-11所示。

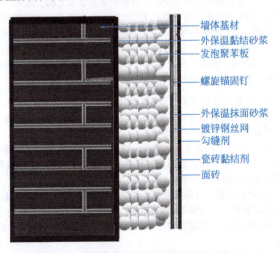

图7-11 外墙砖基层有外保温的铺贴做法

# 第8章

# 地砖铺贴轻松通

## 8.1 地砖铺贴概述

### 8.1.1 地砖铺贴法

地砖铺贴法有湿铺贴法和干铺贴法两种,它们的特点见表8-1。

表8-1 地砖铺贴法

| 方法 | 操作步骤 |
| --- | --- |
| 湿铺贴法 | (1)首先把现场打扫干净,并且洒适量的水以有利于施工。<br>(2)将325#水泥与砂以1:3的比例混合成砂浆。水泥最好不要超过200#,否则,混合砂浆标号过高,后期应力不均匀时会使地砖造成损坏。<br>(3)用长大约1m的木尺打底,并且将2~35mm厚砂浆彻底抹平,然后放样线。再在施工地面上撒上水泥粉,并且把水泥粉弄均匀,然后再撒上少量水泥粉,以增加与水泥砂浆的黏性 |
| 干铺贴法 | (1)首先把楼层面洒水湿润,涂刷水灰比为1:(0.4~0.5)的水泥浆一道,并且随刷随铺水泥砂浆找平层。找平层为水泥:砂=1:3的干硬性水泥砂浆,要求表面平整坚硬,无油脂。<br>(2)如果找平层有杂质、起砂、麻面、裂缝等现象,可以用乳胶腻子分遍刷涂,并且砂磨平整,然后用稀释的乳胶液涂刷一遍。涂刷胶黏剂之前,表面需要保持干燥(含水率≤9%)。<br>(3)涂刷底胶,有单面涂胶(仅涂于基层表面)和双面涂胶(基层表面与砖面同时涂胶)。涂刷厚度2~3mm(根据胶黏剂产品要求确定涂刷厚度与涂胶静停时间),再把瓷砖与基础面贴密实,用水平尺测量,确保瓷砖铺贴水平 |

地砖铺贴有的为无缝铺贴，有的需要留缝，一般留 1～3mm 的缝（窄缝），如图8-1所示。

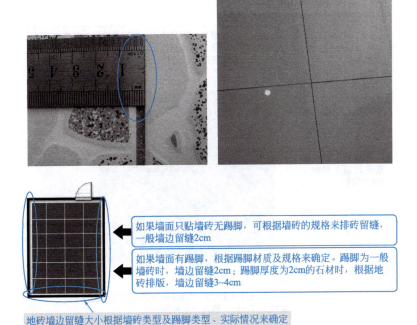

图8-1 地砖留缝

## 8.1.2 地砖铺贴流程

地砖铺贴流程如图8-2所示。

图8-2 地砖铺贴流程

地砖铺贴流程步骤的要求如下。

（1）基层处理　需要将尘土、杂物彻底清扫干净，不得有引起空鼓、开裂、起砂等缺陷。

（2）弹线　施工前，需要在墙体四周弹出标高控制线，在地面弹出十字线，以控制地砖分格有关尺寸，如图8-3所示。

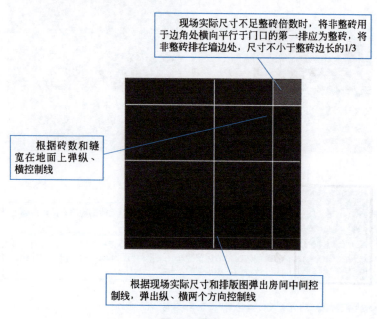

图8-3　弹线

（3）预铺　根据设计要求，对地砖的色彩、纹理、表面平整等进行严格的挑选，并根据设计要求预铺。对于预铺中可能出现的尺寸、色彩、纹理误差等进行调整、交换，直至达到最佳效果，然后将材料根据铺贴顺序堆放整齐备用。

（4）铺贴　可以选用1∶3干硬性水泥砂浆，砂浆厚度为25mm左右进行铺设。铺贴前需要将地砖背面湿润，正面干燥为宜。把地砖根据要求放在水泥砂浆上，然后用橡皮锤轻敲地砖饰面直到达到密实平整的要求。

（5）勾缝　地砖铺完24h后需要进行清理勾缝，勾缝前需要将地砖缝隙内杂质擦净,然后用专用填缝剂勾缝。

(6)清理　家装贴瓷砖施工过程中应随干随清(如图8-4所示),完工后再用棉纱等物对地砖表面进行完全清理。

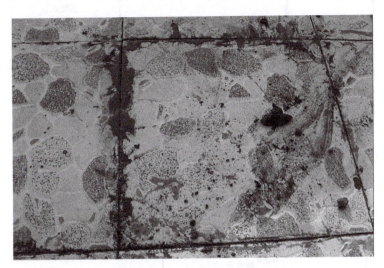

图8-4　施工过程中应随干随清理

## 8.1.3　地砖铺贴时的起始点与基准点

地砖铺贴时的起始点,应有利于地砖铺贴的工作开展,以及符合地砖排花、排砖的需要。地砖铺贴时的起始点,也往往是铺贴整砖的地方。地砖铺贴时的起始点确定错误,则铺贴中会没有地方下脚。

如果客厅铺地砖从门口开始铺,则过门石处的地砖就为整块,很平整。但是,铺到后面出来需要踩在瓷砖上。如果客厅铺地砖从里面开始铺,出进方便。但是,最后铺到过门石处会不平整的,往往需要切砖,并且还可能出现不是横平竖直的现象。

地砖铺贴时的起始点确定,往往需要根据户型图、铺贴要求来确定。地砖铺贴时的基准点要求如图8-5所示。

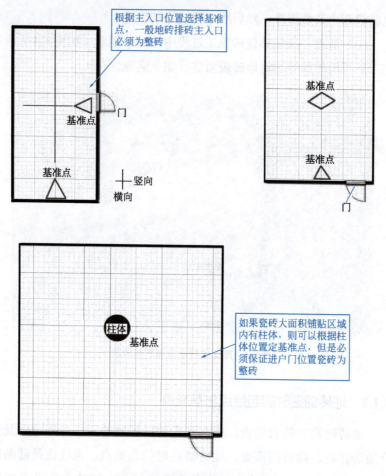

图 8-5　地砖铺贴时的基准点要求

## 8.1.4　地砖铺贴时偏角与控制

如果铺贴地砖的房子不是很规正，即房子地面偏角，则一般在铺贴的时候地砖会跟着偏角。为此，地砖铺贴前，需要对铺贴空间的周正性进行掌握。铺贴空间的周正性对地砖铺贴的影响如图 8-6 所示。

第8章　地砖铺贴轻松通

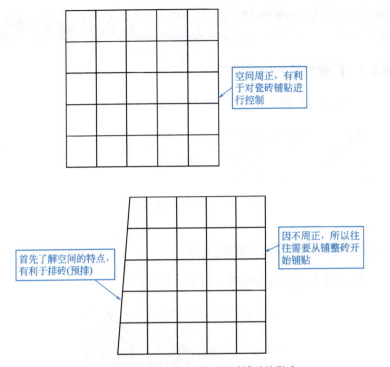

图8-6　铺贴空间的周正性对地砖铺贴的影响

## 8.1.5　地砖铺贴允许偏差

地砖铺贴允许偏差见表8-2。

表8-2　地砖铺贴允许偏差

| 项目 | 允许偏差/mm<br>陶瓷锦砖面层、陶瓷地砖面层 | 方法 |
| --- | --- | --- |
| 表面平整度 | 2 | 用2m靠尺和楔形塞尺检查 |
| 接缝高低差 | 0.5 | 用钢尺和楔形塞尺检查 |
| 踢脚线上口平直 | 2 | 拉5m线和用钢尺检查 |

注：地砖空鼓验收标准：整体不超过3%地砖的砖角处禁止出现空鼓。

## 8.2 地砖铺贴的处理技巧与做法

### 8.2.1 门槛地砖的处理技巧

门槛地砖的处理技巧如图8-7所示。

入户门槛瓷砖比电梯厅高出5mm,并且需要倒角。电梯厅瓷砖比楼梯间高出1~2cm,并且需要倒角

图8-7 门槛地砖的处理技巧

### 8.2.2 地砖阴角瓷砖的处理技巧

地砖阴角瓷砖铺贴处理技巧如图8-8所示。

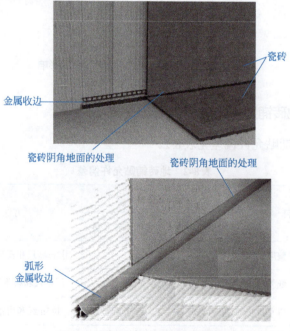

图8-8 地砖阴角瓷砖铺贴处理技巧

## 8.2.3 地砖阳角瓷砖的处理技巧

地砖阳角瓷砖的处理技巧如图8-9所示。

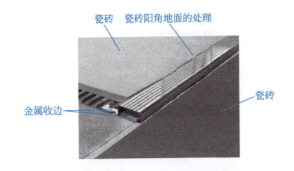

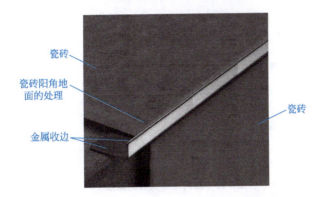

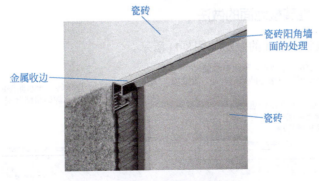

图8-9 地砖阳角瓷砖的处理技巧

### 8.2.4　室内地面瓷砖的做法

室内地面瓷砖的做法如图8-10所示。

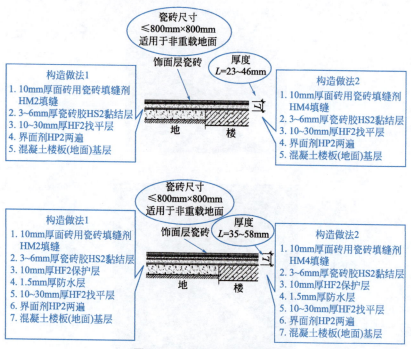

图8-10　室内地面瓷砖的做法

### 8.2.5　地砖楼地面的做法

地砖楼地面的做法如图8-11所示。

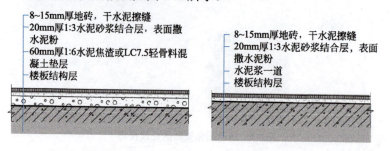

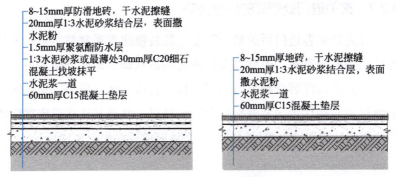

图 8-11 地砖楼地面的做法

## 8.2.6 客厅地砖的留缝处理技巧

客厅地砖的留缝一般有宽缝、窄缝两种,它们的特点如下。

(1)窄缝 窄缝一般是铺设玻化砖时较为常用的留缝。留窄缝一般为 1～3mm,并且同时采用与地砖颜色接近的勾缝剂进行勾缝处理。

(2)宽缝 宽缝一般是铺贴仿古砖、自然砖时较为常用的留缝。留宽缝一般为 3～8mm 之间,可以选择与地砖体颜色接近的勾缝剂,也可以选择有反差的勾缝剂进行砖缝处理。

勾缝深度一般要求凹进地砖外表面 2～3mm,并且需要注意周边顺直、接缝平整、深浅一致。

**提醒**

一般而言,由于地砖铺贴比地板安装要厚,为了铺好后能够齐平,则需要在铺地砖的地面部分往下刨一层,然后找平。具体刨多少深度,需要根据选好的地砖与地板的厚度、工艺要求来决定。

### 8.2.7 玄关进门处瓷砖的处理技巧

玄关是来客进门后的第一印象,其装修注重观赏与实用,该处地砖的铺贴很重要,也就是美感的玄关是从脚下地面开始的。一般而言,玄关地面装修材质与客厅一样,自成一体。但是,玄关地面装修材质与客厅地面装修材质有别也可以,并且其往往要比客厅地面更耐用、更防滑、更易清洁。玄关地砖的铺贴如图8-12所示。

玄关可以用深色瓷砖对玄关地面进行勾边,也可以与客厅贴同一质感但是颜色较深、图案更丰富的瓷砖。
玄关奢侈一点的装修,可以使用瓷砖拼花,以将玄关与客厅、餐厅进行功能区分

加围边的黑白色铺贴法,是热情中带着冷静的装饰法

菱形小格子、拼花瓷砖,增加艺术性

图8-12 玄关地砖的铺贴

(1) 玄关进门地砖瓷砖的选择　玄关进门地砖瓷砖的铺贴受设计风格的决定，其选择技巧如下。

① 中式风格。地砖可以选择古色古香的地砖，或者仿大理石瓷砖，以达到展现中国文化底蕴的效果。

② 地中海风格。地砖拼花可以选择经典地中海的蓝白色系，并且进行菱形拼接，以达到地中海浪漫风情的温馨效果。

③ 田园风格。地砖可以选择黄色的亚光防滑瓷砖，达到有种走在乡间小路的感觉，体现出乡间氛围温馨的效果。

④ 创意风格。如果过道墙面、天花选纯白作为主色调，则地砖拼花可以选择加重色，以达到符合大家审美习惯的效果。另外，地砖拼花图案可以选择拼花仿木的瓷砖，或者几何图案，以达到创意十足的效果。

⑤ 欧式风格。如果注重整体装修的和谐，则地面可以选择光泽靓丽的抛光砖，以达到在柔和的灯光下折射出华丽亮泽的效果。

(2) 玄关地砖的设计、铺贴技巧

① 玄关的地砖原木颜色与白色的搭配，适合简约的居家风格。

② 过门玄关的地方铺地砖最好是对称铺贴。

③ 如果过道与其他地方有地砖的衔接，但不能直接衔接，则可以用波打线、接口线、压边线、整块花纹砖等隔开，以达到区域更明显、更利索等效果。

④ 玄关地砖最简单的铺贴就是采用正向铺贴。

⑤ 进门玄关地砖可以采用简约、纯粹的瓷砖铺贴，以达到简单大方、节省瓷砖用量等效果。

⑥ 玄关地砖可以选择多种色调的瓷砖混合铺贴，以达到赏心悦目的效果。

⑦ 如果追求协调的效果，不同颜色的玄关地砖最好控制在同一色系里，以免色差过大显得杂乱。

⑧ 偏小户型，玄关过道偏窄或者偏长，为了达到简洁效果，则玄关过道可以选用与客厅、餐厅等空间一致的瓷砖。也可以在玄关地砖增加单边或者双边的波打线、压边线，以达到增强空间感的效果。

⑨ 玄关地砖可以在选择波打线的同时，再在正铺、斜铺的瓷砖中加入一点其他颜色的小规格瓷砖作为点缀，以达到温馨精致的效果。

⑩ 可以选择美轮美奂的瓷砖经过精细切割，拼合成美艳拼花，以达到大放异彩的效果。

⑪ 可以选择不同规格的瓷砖，根据一定的方式进行组合铺贴，并且配合波打线，以达到夺人眼球的效果。

⑫ 玄关地砖可以选择地砖瓷砖切割拼花，以达到打破打散原拼花的效果。

⑬ 玄关连着客厅，可以选择深浅不一的棕色仿古砖作为地面的铺装材料，以达到更显个性化的效果。

⑭ 可以选择亚光色大理石瓷砖，以达到大气自然的效果。

⑮ 可以选择沉稳柔和色调的瓷砖，并且配以45°斜铺拼花手法，加上小块花砖点缀，以达到丰富玄关地面颜色，使空间更具立体感的效果。

⑯ 玄关地砖上摆放复古式地毯，以达到高雅的效果。

提醒

　　进门玄关地砖瓷砖的设计、铺贴需要与房屋整体装饰风格相匹配。玄关地砖可以采用普通的地砖，但是铺贴可以不俗套。实际铺贴中以自己喜好、自己满意来考虑为好。

### 8.2.8 地砖的其他一些处理技巧

地砖的其他一些处理技巧如图8-13所示。

# 第8章 地砖铺贴轻松通

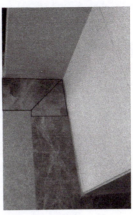

瓷砖地面金属收边的处理

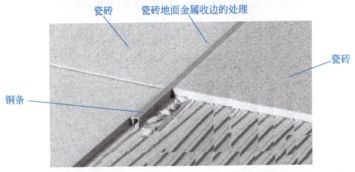

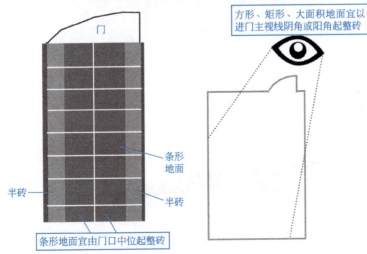

图8-13

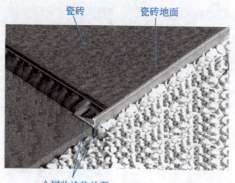

瓷砖　瓷砖地面　金属收边的处理

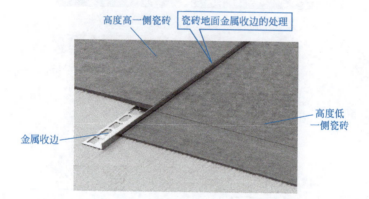

高度高一侧瓷砖　瓷砖地面金属收边的处理　高度低一侧瓷砖　金属收边

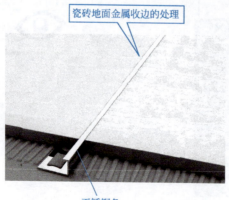

瓷砖地面金属收边的处理　不锈钢条

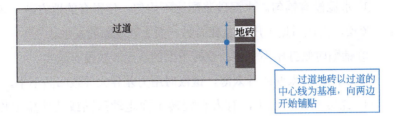

图8-13 地砖的其他一些处理技巧

## 8.3 地砖铺贴的平整度

### 8.3.1 地砖铺贴的平整度问题

地砖平整度的要求：瓷砖平整度误差不得超过2mm，相邻砖高差不得超过0.5mm。平整度检查方法：可以用垂直检测尺检测瓷砖平整度，也可以用2m靠尺加楔形塞尺检测瓷砖平整度。用2m靠尺加楔形塞尺检测时，首先将靠尺侧面靠紧被测面，其缝隙大小用楔形塞尺检测。每处一般需要检测三个点，也就是竖向一点，以及在其原位左右交叉45°各一点，然后取该三点的平均。

导致瓷砖铺贴高低凹凸不平的原因，一般有瓷砖的本身问题引起的、瓷砖铺贴工人手艺问题引起的、外围环境因素引起的等。瓷砖的本身问题包括瓷砖生产变形、瓷砖二次变形、瓷砖本身拱起或者翘角等。

瓷砖的本身问题引起的解决方法如下：选取质量合格的瓷砖；铺贴时规避瓷砖的缺陷。

外围环境因素主要包括地方温度、湿度、盐碱度差异引起的，以及外围温度引起的热胀冷缩等。

影响地砖铺贴平整度原因如下。

① 水泥没有铺匀。水泥砂浆配比不均匀，使得有的地方砂子多导致疏松，出现后期下压引发瓷砖另一面上翘现象的发生。

② 铺贴时候打压不平整。瓷砖下面的水泥砂浆没有敲实。

③ 水泥铺得太厚或者太薄，镶嵌时用力差异大导致凹凸不平。

④ 瓷砖刚铺好没干，有人在瓷砖上面走动踩踏或其他施工作业，引起松动、凹凸不平。

⑤ 瓷砖底下的干灰层锤压不密实，则瓷砖在干固过程中，干灰层吸收瓷砖背面的水泥砂浆中的水分，未锤压密实的干灰层会形成沉降，导致铺贴的瓷砖面不平。

⑥ 瓷砖未干固前进行勾缝处理，则因瓷砖未完全干固，此时会受到填充勾缝材料挤压，形成铺贴的瓷砖面不平。

⑦ 瓷砖背面涂抹的水泥砂浆不饱满不均匀，形成瓷砖铺贴空鼓，因干固过程中，空鼓部位对瓷砖作用力与没有水泥砂浆的部位对瓷砖的作用力不一致，造成瓷砖高低凹凸不平。

⑧ 没有按照要求进行留缝，从而产生移位不平。瓷砖最小留缝值需要在1.5mm以上，玻化砖留缝在2mm以上，釉面砖、仿古砖是留缝最少为3mm以上。

⑨ 没有选择优质的柔性勾缝剂、美缝剂勾缝，从而产生移位不平。

⑩ 一些瓷砖背面有铺贴方向标识或箭头方向，如果铺贴方向有误，导致瓷砖翘曲不平。

⑪ 铺贴瓷砖时没有用水平仪、垂锤等专业仪器设备进行铺贴，仅随意用肉眼判断导致铺贴不平。

瓷砖铺贴高低凹凸不平的现象有内拱、外翘、瓷砖单边局部凹凸不平、瓷砖单边整体凹凸不平等。瓷砖铺贴不平如图8-14所示。

第8章 地砖铺贴轻松通

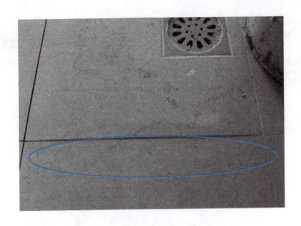

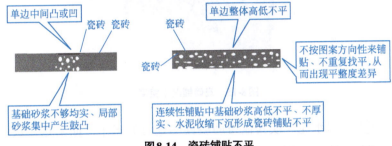

图 8-14 瓷砖铺贴不平

## 8.3.2 瓷砖铺贴平整度实例

瓷砖铺贴平整度是瓷砖铺贴后的效果,为此,瓷砖铺贴砂浆的厚度与瓷砖厚度、瓷砖涂抹的水泥浆厚度、瓷砖铺贴敲击力度等综合决定了瓷砖铺贴平整度。图例如图8-15所示。

## 8.3.3 地砖铺贴不平的处理方法

地砖铺贴不平的处理方法如下。

① 如果不平的地砖在家具下面,则可以考虑不更换。

② 如果凝固水泥(或其他帮助凝固的建材)没干,可以用砌墙刀轻轻敲打地砖,直到这块地砖与其他地砖处于同一水平线即可。

(a) 铺贴出现不平整

(b) 铺贴平整

图8-15　瓷砖铺贴平整度

③ 凝固水泥（或其他帮助凝固的建材）已干，如果是几块地砖不平，则可以用装修用工具把不平的地砖取出，再用新地砖替补进去。如果是大面积不平，并且占比大于40%，则地面可能需要重铺。

④ 装修时，一定要钉线以便控制平行平整。

⑤ 地砖铺贴敲实了还出现瓷砖起拱的现象，则可以拿东西压在起拱的地方，则可以解决瓷砖不平的问题。

⑥ 铺贴瓷砖的水泥砂浆配比不能随意配，应按照现场实际情况调配，可以根据砂土含量进行调配。另外，水泥砂浆配比后要搅拌均匀。

⑦ 规避凹凸变形面，可以把拱一点的瓷砖放一起，凹的瓷砖放一起，这样铺贴时，按照一定的铺贴顺序就可以消除铺贴不平。如果瓷砖凹变形与凸变形的两个边铺贴在一起，则会导致砖与砖间高

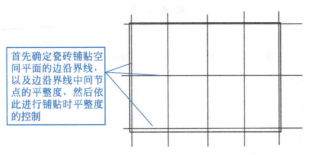

**图8-16　地砖铺贴不平的处理方法**

## 参考文献

[1] 阳鸿钧，阳许倩等. 学瓷砖铺贴技术超简单[M]. 北京：化学工业出版社，2017.
[2] 16CJ77—1.
[3] GB 175—2007.
[4] GBT 4100—2015.
[5] JCT 1004—2006.
[6] JCT 547—2017.
[7] JGT 484—2015.